Elogios para *Los temores*

"Trillia habla desde su corazón y experiencia pe.... nos encontramos atrapadas por el temor a lo que otros piensan de nosotras, a lo que pueda suceder o a lo que podría nunca suceder. Ella nos señala el camino hacia la libertad que se encuentra en dejarnos atrapar por un temor muy diferente, el temor del Señor".

NANCY GUTHRIE, maestra bíblica y autora de *Santos y sinvergüenzas en la historia de Jesús* y *Bendición: Experimenta la promesa del libro de Apocalipsis*

"Trillia Newbell sabe lo que es vivir atormentada por el temor. También sabe lo que es pelear por la fe y aferrar el corazón al carácter de nuestro Dios sabio, fiel, amoroso y soberano. Ella nos ofrece esperanza para vencer nuestros temores y experimentar una paz verdadera que cultiva un temor reverencial del Señor".

NANCY DEMOSS WOLGEMUTH, autora y presentadora de *Aviva Nuestros Corazones*

"El temor ha sido un acompañante durante gran parte de mi vida que me ha robado gran parte de mi gozo. En *Los temores del corazón*, Trillia explora con gran calidez y compasión los temores que experimentan muchas mujeres, y dirige los corazones temerosos hacia Aquel que nos ha hecho libres de todo temor".

CHRISTINA FOX, consejera acreditada de salud mental y autora de *Los ídolos en el corazón de una madre*, *Esperanza para el corazón de una madre* y *Un temor santo*

"Trillia nos presta un gran servicio con este libro al tratar de frente el temor y la ansiedad y profundizar en el tema hasta llegar a sus raíces. Lo hace con la dulzura de una madre y con una mente arraigada en la Biblia. Ya sea que luches personalmente con el temor o que vivas con personas que tienen esa lucha, encontrarás ayuda útil y bien articulada en las páginas de este libro".

MATT CHANDLER, pastor principal de The Village Church, Dallas, Texas; autor de *Vivir es Cristo, morir es ganancia* y *Sé valiente: Valor cristiano en la era de la incredulidad*

"Muchos cristianos viven atemorizados y les espanta reconocerlo. Trillia Newbell nos ayuda a enfrentar nuestros temores y a mirar más allá a Cristo, que ha vencido a todos nuestros enemigos. Aunque el libro aborda temas difíciles, lo hace con la seriedad gozosa de una mujer ungida con el Espíritu Santo y sabiduría".

RUSSELL D. MOORE, teólogo de *Christianity Today* y autor de *La tentación y el triunfo de Cristo*

"*Los temores del corazón* es un libro que servirá como fuente de aliento para muchas mujeres que lo necesitan y que piensan que son las únicas que padecen crisis. El testimonio sincero de Trillia junto con las historias reales de otras mujeres demuestran que nada está fuera del alcance del amor redentor de Cristo por nosotros".

MARY K. MOHLER, directora de *Seminary Wives Institute of The Southern Baptist Theological Seminary* y autora de *Sublime gratitud*

"Si alguna vez has pensado que eres la única que tiene temores y si te has convencido a ti misma de que el temor no es un problema para ti, este libro te desafiará a examinar la veracidad de esos supuestos. Este libro lleno de gracia te ayudará a recuperar la energía que pierdes en el temor y a redirigirla hacia la fe en un Dios infinitamente confiable".

JEN WILKIN, autora de *Women of the Word*

"Trillia trata temores reales al tiempo que nos dirige a las alturas de nuestro Dios absolutamente real. Él es bueno, soberano y poderoso en su amor para dar respuesta a nuestros temores individuales y nos llama a confiar en Él. Nuestra alma necesita con urgencia fortalecerse en la Palabra de Dios porque, con demasiada frecuencia, nos dejamos llevar por temores pecaminosos en lugar de guiarnos por un sano temor de Dios".

BLAIR LINNE, artista cristiana de la palabra hablada y escritora

"Trillia pone el dedo en *la* llaga que a muchos nos impide crecer en la fe y vivir con gozo: el temor. Escribe con humildad, sinceridad y un tono victorioso. Este libro te bendecirá y será liberador para ti".

J. D. GREEAR, autor de *Jesus, Continued... Why the Spirit Inside You Is Better Than Jesus Beside You*

"Nos encantan las reflexiones de Trillia Newbell acerca de los temores comunes, y su transparencia y sinceridad acerca de sus luchas personales. El corazón de Trillia se abre bellamente en las páginas de este libro. *Los temores del corazón* es un libro cálido y franco que transmite esperanza y se centra en Cristo, por lo que te ayudará a profundizar tu confianza en Dios".

RANDY Y NANCI ALCORN, autores de *Help for Women under Stress*

"Trillia Newbell, una de las personas más alegres que conozco, revela sus luchas con el temor y el camino transitado hacia la fe. Como alguien que sufre de temor crónico, me reconfortó leer *Los temores del corazón*".

LORE FERGUSON WILBERT, autora de *Handle with Care*, bloguera en sayable.net

"Aunque Trillia Newbell escribe principalmente para mujeres, nos habla a todos los temerosos que vivimos desorientados y en caos. Ella nos recuerda que cuanto más nos gobierna el temor correcto, más se debilitan nuestros temores equivocados. El libro *Los temores del corazón* fue un tónico para mi alma".

JON BLOOM, cofundador de Desiring God, autor de *Not by Sight* y de *Things Not Seen*

"El temor se agudiza y crece en la oscuridad de infinitas suposiciones catastróficas. ¡Cómo cambia todo cuando resplandece la luz! Trillia tiene buenas noticias para las que nos vemos tentadas a vivir en temor. Las suposiciones catastróficas no tienen dónde esconderse del resplandor del evangelio que declara: 'No escatimó a su propio Hijo'. Ven y disfruta de la luz".

GLORIA FURMAN, autora de *Destellos de gracia* y de *Madres con una misión*

"Este libro, calmante para la mente y el alma, transformará a muchas mujeres temerosas en mujeres llenas de fe. También ayudará a muchos hombres a entender mejor a sus esposas y, por ende, a servirles con más paciencia, amor y sabiduría".

DAVID MURRAY, pastor, profesor, autor de *The Happy Chris*

"Trillia Newbell ofrece a la iglesia un recurso valioso con su libro *Los temores del corazón*. Con amabilidad, humildad y valor, Trillia abre las páginas de su vida delante de nosotras para luego dirigirnos una y otra vez a Jesús, el autor y consumador de nuestra fe".

JESSICA THOMPSON, escritora y oradora

"Trillia Newbell indaga a fondo en nuestro corazón de mujer para sacar a la luz nuestros temores y sus raíces de orgullo, incredulidad y codicia. En seguida nos ayuda a enfrentar esos temores al aplicar cuidadosamente las palabras de nuestro Dios fiel que nos anima diciendo: '¡No temas!'. Este libro está lleno de sabiduría y de verdad que desearás consultar una y otra vez".

JANI ORTLUND, vicepresidenta de Renewal Ministries, autora de *¡Ayuda! Estoy casada con mi pastor*

"Me alegra en gran manera que Trillia haya escrito este libro. Ella brinda esperanza verdadera a las mujeres que sufren a diario la sobrecarga y el agotamiento que son producto del temor. *Los temores del corazón* constituye un bello recordatorio de que ya no necesitamos 'lograr' algo, porque nuestro amoroso Dios nos valora y nos acepta tal como somos".

KELLY ROSATI, autora y antigua vicepresidenta de alcance a la comunidad de Focus on the Family (Enfoque a la Familia)

"El estilo de Trillia como autora es de una sinceridad encantadora. En *Los temores del corazón*, ella desnuda su corazón y nos permite recorrer de la mano sus luchas personales con el temor. Gracias, Trillia, no solo por desafiarnos a quienes luchamos con el temor, ¡sino también por guiarnos claramente en el camino hacia la paz verdadera!".

KIMBERLY WAGNER, autora de *Fierce Women*

"Todas podemos identificarnos con los resultados destructivos y paralizantes de vivir con temor. En cambio, como cristianas anhelamos vidas marcadas por la fe y el poder de Dios. Trillia nos recuerda por qué podemos confiar en Dios y nos presenta una visión de la vida definida por esa clase de confianza —el temor de Dios—, en lugar de por nuestros sentimientos o temores o cualquier otro sustituto en el camino".

AMY SIMPSON, autora de *Anxious: Choosing Faith in a World of Worry*

"Es alentador ver tanta transparencia en la profunda exploración que hace Trillia de historias reales y temores con los cuales luchamos todas las mujeres. Es liberador leer soluciones bíblicas para vencer esos temores. Animo a las mujeres de todas las edades y trasfondos a que lean este libro".

NAGHMEH ABEDINI

"Cuando el temor y la ansiedad nos azotan como una ola violenta, no es fácil confiar en Dios. El mensaje de Trillia es que el temor no tiene que derribarnos. En un estilo práctico, cercano y profundamente arraigado en la Palabra de Dios, Trillia nos brinda una esperanza real y significativa a las personas temerosas. ¡Toda mujer necesita este libro!".

ERIN DAVIS, escritora, oradora y bloguera

Los temores del corazón

Encuentra la paz que anhelas

TRILLIA J. NEWBELL

EDITORIAL
PORTAVOZ

La misión de *Editorial Portavoz* consiste en desarrollar y distribuir productos de calidad —con integridad y excelencia—, desde una perspectiva bíblica y confiable, que animen a las personas a conocer y servir a Jesucristo.

Traducción: Nohra Bernal
Diseño interior: Kent Jensen

EDITORIAL PORTAVOZ
2450 Oak Industrial Drive NE
Grand Rapids, MI 49505 USA
Visítenos en: www.portavoz.com

ISBN 978-0-8254-5036-5 (rústica)
ISBN 978-0-8254-7097-4 (Kindle)
ISBN 978-0-8254-7098-1 (epub)

1 2 3 4 5 edición / año 32 31 30 29 28 27 26 25 24 23

Impreso en los Estados Unidos de América
Printed in the United States of America

Para Thern, mi esposo, y nuestros dos hijos.
Doy gracias a Dios por ustedes cada día.
Ustedes me enseñan lo que significa vivir con valentía,
confiar mi vida a nuestro Salvador y servir
con un corazón alegre.
¡Ustedes son un gozo, un deleite y una bendición para mí!
¡Los amo!

Contenido

Prefacio

*E*l temor no es solo una realidad que conozco; es una tentación que me ha asediado desde que tengo memoria. Cuando era niña, tenía miedo de los perros, pero en mi vida adulta mis temores se han vuelto más sofisticados y debilitantes. He luchado con temores como estar en presencia de extraños o perder un hijo. Mediante mis conversaciones e interacciones con mujeres a lo largo y ancho del país, he descubierto que no soy la única. *Los temores del corazón* es un libro escrito en parte para decirte que no estás sola en tu lucha con el temor.

Una de las particularidades del libro es la sección dedicada a historias de otras mujeres que, como tú y como yo, han batallado con el temor. Estas mujeres vienen de trasfondos muy variados y se encuentran en etapas muy diferentes de la vida, pero todas tienen algo en común: han comprobado que el Señor es fiel.

Sin embargo, no basta con simplemente fundarnos en las historias de otras personas. En las páginas que siguen, verás en primer lugar que Jesús también está contigo. Él fue tentado en todo, incluso fue tentado a temer, pero no pecó. Jesús te entiende y te ofrece el consuelo y la paz que brindan su bondad y su gracia.

También exploraremos quién es Dios y por qué podemos confiar en Él. ¿De qué manera afectan la soberanía, la bondad, el amor y la sabiduría de Dios nuestra respuesta frente a la tentación del temor? ¿Podemos realmente confiar en Dios? Mi oración es que por medio de estas verdades bíblicas y de las historias de otras mujeres, este libro te ayude a encontrar la paz que anhela tu corazón. ¡Yo también la anhelo!

Como todo libro, este recurso es limitado. Si yo estuviera contigo en persona para animarte y aconsejarte en medio de tu lucha presente, tal vez te recomendaría que busques a un consejero, un pastor u otro profesional, dependiendo de tu situación. ¿Me permites hacerlo ahora mismo? Si en este momento estás experimentando un profundo sufrimiento y una gran lucha, desde luego te recomiendo que leas este libro. Pero no te quedes ahí. No te apene buscar la ayuda que necesitas.

Espero que estas palabras sean de consuelo para ti.

Con gratitud,
TRILLIA

Introducción

*A*hora mismo que empiezo a redactar las páginas de este libro y a meditar acerca del temor y del temor del Señor, me encuentro en un avión en plena turbulencia, intensa y aterradora. Los pasajeros rebotamos y somos sacudidos de un lado a otro. No tengo control, no existe escapatoria (razonable) alguna para esta situación y, a decir verdad, me desagrada todo esto. No me gusta sentirme indefensa, como si mi existencia estuviera en manos de un extraño que, supongo, lleva muchos años volando aeronaves. Con todo, mi mente ansiosa empieza a preguntar: *¿Y si no tiene experiencia? ¿Y si entra en pánico y hace alguna maniobra exagerada, o este avión deja de funcionar?*

Estos son los verdaderos pensamientos que revolotean en mi mente en este preciso momento. Y aquí estoy, escribiendo un libro acerca de los temores del corazón. Parece absurdo. Me aterroriza un vuelo agitado a pesar de que estadísticamente todo debería estar bien. Con todo, más que las estadísticas que me favorecen ampliamente, lo que importa es que Dios tiene el control de todo. Aun así, mis temores persisten. Escribo esto como una mujer que lucha constantemente con temores y que batalla por la fe. Me encuentro en el proceso de aprender lo que significa temer al Señor. No soy experta en el arte de confiar en el Señor. Estoy aprendiendo y agradezco el hecho de que Dios es paciente conmigo. Tal vez te pareces a mí y eres una mujer cristiana que, a pesar de creer firmemente que Dios tiene el control de todo, batalla con el temor. ¿Acaso no todas batallamos con el temor en cierta medida? Dios también es paciente contigo.

————————

Considero a Pablo un excelente ejemplo de un hombre temeroso de Dios que tuvo que aprender la confianza. Tuvo que aprender a contentarse (Filipenses 4:11). Pablo no había "alcanzado la meta". Tuvo que pasar por el fuego. Tuvo que ser probado, y su fe y su confianza en el Señor crecieron como resultado de ello. Digo esto porque muchas veces consideramos a los hombres y a las mujeres de las Escrituras nuestro ejemplo para vivir. El ejemplo de Pablo es el de una vida de aprendizaje, no de perfección.

La valerosa mujer descrita en el capítulo de Proverbios acerca de la sabiduría es considerada un ejemplo a seguir para nosotras. Ella se ríe de la incertidumbre de lo por venir y encuentra su seguridad y su fortaleza en el temor del Señor (Proverbios 31:25, 30). Ella es fuerte y valiente. Yo me la imagino como alguien que no se inmuta frente a lo incierto y está dispuesta a enfrentar cualquier peligro. ¡Cuánto desearía ser como ella! Por suerte también es considerada un *ideal*.

Yo describiría mi caminar diario con el Señor en términos muy diferentes. Soy temerosa, pero quiero ser valiente y confiada. Soy ansiosa, pero quiero encontrar confianza y descanso en Dios. Según creo, si la mujer valiente de Proverbios estuviera en medio de nosotros, no se sentiría a gusto con el pedestal donde la hemos puesto. Nadie es perfecto y aun la mujer "ideal" necesitaba crecer y aprender.

De igual manera, tú y yo somos probadas. No nos volvemos cristianas y de inmediato entendemos lo que significa caminar por la fe. Al igual que un bebé, empezamos a caminar sirviéndonos de las manos, luego gateando, luego apoyándonos en la

Palabra de verdad, tropezando y cayendo muchas veces. Y luego un día llegamos al punto en el que damos ese paso seguro de fe y, antes de que nos demos cuenta, ya vamos tambaleantes en línea recta. Así como no salimos caminando del vientre de nuestra madre, no nacemos de nuevo confiando de manera perfecta.

No soy la única que experimenta esto. El otro día recibí un correo electrónico de una amiga que me pidió oración porque temía darle permiso a su hija para que viajara al otro extremo del estado. Antes de eso, y en los meses precedentes, he tenido el privilegio de cuidar a mujeres que han sufrido abortos espontáneos y que temen que les pase otra vez o que nunca vuelvan a quedar embarazadas. Tengo una querida amiga en edad universitaria que me confesó su temor a no pasar los exámenes intermedios para aprobar sus clases. Mi amiga soltera está orando para que el Señor le dé un esposo, pero las probabilidades parecen mínimas, de modo que ella teme que eso no suceda. Podría seguir contando más y más casos. Supongo que te identificas con circunstancias similares y con la tentación de temer en medio de ellas.

Con demasiada frecuencia tememos el pasado, el presente y el futuro. Tememos ser nosotras mismas, por lo que intentamos agradar a los demás siendo lo que nos parece que quieren que seamos. A diferencia del salmista en el Salmo 23, tememos que el futuro no sea tan bueno como Dios dice y nos preguntamos: *¿El bien y la misericordia me seguirán todos los días de mi vida?* (Salmos 23:6). También existe el temor a otras mujeres y, como resultado, nos comparamos con ellas y juzgamos sus acciones y motivos. Tememos al futuro, ansiosas de que nuestros hijos no conozcan al Señor cuando crezcan o nuestro esposo no regrese de un viaje. No queremos que nuestros hijos mueran, de modo que nos obsesionamos con la muerte y olvidamos quién tiene el control de todo. Y dudamos acerca de si somos lo suficientemente buenas para algo o para alguien.

Sé por experiencia propia que esto es una realidad. Desde confiar en Dios para recibir un esposo hasta orar para no tener otro aborto espontáneo, he experimentado la debilitante e intensa tentación de temer. El temor al que me refiero es por definición una expectativa de perjuicio, es vivir alarmada y prevenida. Cuando me siento tentada a temer de esa manera es porque mi falso sentido de control ha sido alterado por alguna circunstancia. O hay incertidumbres, situaciones desconocidas que pertenecen al futuro, y me doy cuenta de que no tengo control alguno sobre lo que va a suceder. En muchos sentidos, nuestros temores se basan en nuestra búsqueda de confianza y seguridad en nosotras mismas. En cuestión de segundos, yo puedo sepultar a mi esposo en mis pensamientos secretos, donde organizo el funeral y me espanta el prospecto de criar sola a nuestros dos hermosos hijos. Estos pensamientos son imaginarios; se trata de situaciones hipotéticas. Es nada más mi temor. En esos momentos, mi mente no está ocupada en pensar en lo que es verdadero, honesto, justo, puro, amable, de buen nombre, ni en virtud alguna o lo que es digno de alabanza (Filipenses 4:8). Me he dado cuenta de que mis intentos de jugar a Dios nunca me funcionan. ¿Te sucede lo mismo? En cualquier caso, creo que tú y yo hacemos esto porque creemos que es más fácil tener el control. Sin embargo, cuando nos damos cuenta de que no reinamos sobre todas las cosas, que no tenemos autoridad soberana sobre nuestra vida, puede ser aterrador.

Existe, por fortuna, un remedio para todos nuestros temores. Ese remedio proviene de una Persona, y Él provee el consuelo por medio del Espíritu Santo, así como mediante su Palabra. Para resistir nuestros temores, veremos la soberanía y el amor de Dios y cómo se disipan nuestros temores cuando aplicamos la Palabra de Dios a nuestra vida. Aquello a lo cual nos aferramos (el control) es precisa e irónicamente lo que más necesitamos soltar. A medida que tú y yo entendamos que nuestro Dios no es un gobernante tirano, sino un Padre que nos guía e instruye con amor, podremos soltar el control sobre nuestras vidas que produce el mal fruto del temor. No se trata de "soltar y dejar que Dios se encargue", sino de "soltar, correr hacia nuestro Salvador y aprender a confiar en Dios".

Por otro lado, existe un temor que sí *debemos* tener. Es un temor que se define como una admiración reverente frente a un Dios santo que estuvo dispuesto a rebajarse para volverse hombre, murió en una cruz y cargó toda la ira que tú y yo merecíamos a fin de que ahora pudiéramos entrar a su presencia. Y ahora podemos entrar en su presencia y recibir gracia. Él puede convertir nuestro temor pecaminoso y débil en temor de Él. Dios hace esto; Él convierte el carbón en diamantes. No tenemos que vivir paralizadas por el temor, porque tenemos un Dios que sostiene los océanos en la palma de su mano. Él no nos promete una vida fácil (lejos de eso), pero sí que cuidará de nosotras, sus hijas, hasta el final y por toda la eternidad. En última instancia, la forma de combatir el temor es confiar en el Señor y temerle a Él.

El temor es una emoción que podemos sentir de diversas maneras; puede ser paralizante, controlador e incluso motivante. Lamentablemente, el temor es, con frecuencia, el resultado del pecado en nuestro corazón. El temor tiene un modo de susurrar mentiras a nuestra alma acerca de quién es Dios. Sin embargo, ¿existen tipos de temor que sean buenos (aparte del temor de Dios que acabo de señalar)? ¿Puede ser a veces legítimo o correcto, o es siempre pecaminoso? Si bien es cierto que el temor más aceptable es el temor del Señor, hay ocasiones en las que el temor es aceptable, incluso sabio. En los capítulos que siguen, exploraré lo que constituye un temor aceptable. A modo de aclaración, no defiendo una actitud temeraria. No digo que debas acercarte a un risco y saltar o que necesites escribir una lista de acrobacias peligrosas y retos que nunca habrías intentado hacer antes de leer este libro. No me refiero a eso. Me refiero a los temores con los que batallamos en nuestra vida normal y cotidiana, lo cual puede o no incluir el salto desde un risco.

Así que te invito a gatear, a tambalear y a caminar conmigo entre las pruebas y los temores que enfrentamos a medida que aprendemos a reemplazar nuestros temores con confianza y a temer al Señor. Somos propensas a temer y deseamos tener el control, pero el Señor nos ofrece algo mucho mejor. El Señor ha trazado el mejor camino, un camino que nos dará vida y paz.

Los temores del corazón habla acerca de poner nuestra seguridad en el Señor, de modo que podamos ceñirnos de fuerza (Proverbios 31:17).

El avión sigue sacudiéndose. ¡Cuánto desearía que no fuera así! Sin embargo, en el descenso y la sacudida, me doy cuenta de que tengo que elegir. En este mismo momento, puedo elegir entre apretar los dientes e imaginar la vida de mis hijos y de mi esposo sin mí, o confiar en el Señor. En este caso, y para la gloria de Dios, elegí confiar. En las páginas que siguen, te contaré cómo he logrado progresar en el tema de la confianza.

Capítulo 1

El temor al hombre

*R*ecuerdo que, al principio de mi vida cristiana, andaba despreocupada, y decir que me emocionaba todo acerca del Señor sería una subestimación. Además, era una esponja. Todo lo que me decía cualquier persona acerca de mi nueva fe, yo lo tomaba como "el evangelio". Como podrás imaginar, para una joven cristiana que era fácil de influenciar, eso no era bueno. Yo no entendía bien la gracia y, cuando las personas hablaban acerca de pecado, empecé a temer que no estaba a la altura de las expectativas. Empecé a vivir con el temor a pecar. Empecé a cuestionar mis motivos, mis acciones, mis pensamientos, todo, y daba por hecho que todas las personas a mi alrededor también los cuestionaban. Temía el juicio de los demás. Me aterrorizaban las opiniones de otros. Juzgaba a otros por temor y temía al hombre.

El "temor al hombre" es un término que se emplea para describir el corazón de alguien que actúa y habla (o se cohíbe de actuar o hablar) por temor a lo que piensen los demás. Hay un ejemplo de esta actitud en Juan 12:42-43: El pueblo y las autoridades creían en Jesús, pero no lo confesaban por temor a ser rechazados. Incluso Pedro, que caminó con Cristo y era uno de los discípulos, lo negó tres veces por causa de su temor al hombre (Marcos 14:66-72). Preocuparse en exceso por lo que los demás piensan puede ser perjudicial para nuestra fe y causar mucha angustia. Al menos eso fue lo que sucedió en mi caso.

La mucha preocupación por lo que piensan los demás

El pecado no es un concepto ajeno. Es la condición desafortunada que enfrentamos al nacer y que nos acompaña hasta que el Señor nos lleva al hogar celestial. Yo he pecado, continúo pecando y seguiré pecando. Sin embargo, en mi orgullo hubo un tiempo en el que yo no quería que alguien pensara que yo pecaba. Detestaba la idea de decepcionar a los demás. Aunque no me di cuenta de este pecado hasta que fui una joven cristiana adulta, había luchado con él toda mi vida. Era mi pecado de agradar a las personas.

> Preocuparse en exceso por lo que los demás piensan puede ser perjudicial para nuestra fe.

Yo era la animadora estrella, la estudiante flautista de honor, la presidenta del gobierno estudiantil y una buena chica (excepto en lo relacionado con los chicos, que me gustaban desde pequeña). Yo era *esa* clase de chica. La estudiante sobresaliente que era amiga de todo el mundo, la típica niña buena que estaba siempre sonriente (yo era una persona alegre por naturaleza y, está bien, hay cosas que no cambian, pero ahora es el gozo del Señor). Con todo, ocultaba un secreto: me fascinaba recibir elogios y odiaba la idea de equivocarme. La persona más importante en mi vida durante mi adolescencia fue mi padre y, más que nada en el mundo, yo anhelaba agradarle.

Por ese motivo, me esforzaba en todo, acostumbraba a obedecer (no teníamos muchas reglas en casa) y me destacaba en las actividades extracurriculares y en la escuela. Creo que este temor al hombre y el deseo de honrar a mi padre fueron, en realidad, una valla de protección que Dios en su gracia proveyó. Mis compañeros ya experimentaban con drogas y yo no quería tener nada que ver con eso. Aunque no era dada a las fiestas, sí tuve una relación "seria" con un chico y recuerdo que, con mi padre, hablamos acerca de esa relación carnal. Fue mi respeto por él lo que me llevó a ponerle fin a esa relación. En ese caso, hubo un sano respeto y temor, pero, en general, muchas de mis acciones no eran más que un deseo de agradar y de ser vista como buena. Mi padre sí me inculcó un amor por las personas, de modo que no todo lo que yo hacía era para agradar a la gente, pero la idea de decepcionar a mi padre me desgarraba por dentro.

Por lo anterior, cuando me hice cristiana a los veintitantos años, y el Espíritu Santo empezó a revelar mi corazón pecaminoso, yo quedé asombrada. No podía creer que fuera posible que *parte* de mi motivación para hacer lo bueno y para alcanzar mis mayores logros fueran producto del pecado. Después de todo, yo era una buena persona, ¿no? Mi orgullo era tan grande que estaba condenada. En última instancia, el problema con mis ansias de agradar era que yo me había convencido a mí misma que las opiniones de otros acerca de mí eran mucho más importantes que la opinión de Dios.

Resalto de manera intencional la palabra "parte". Aunque deseamos resistir la tentación, esta es particularmente difícil. No quiero que te prives de hacer el bien por temor (ahí está de nuevo esa palabra) a actuar por las razones equivocadas. Nunca haremos nada si examinamos minuciosamente cada motivo. ¡Anda y haz todo el bien que puedas! Y cuando lo haces, resiste la tentación de hacerlo para agradar a otros.

Lou Priolo escribió en su libro, *Pleasing People* [Agradar a la gente], que una de las muchas tentaciones que puede enfrentar una persona obsesionada con agradar es "el amor excesivo por los elogios que te lleva a creer que la opinión que tiene el hombre acerca ti está por encima de la de Dios".[1] Lo absurdo de esta tentación es que los hombres y las mujeres a quienes buscamos agradar son igual que nosotros, gente falible.

Este temor al hombre se manifiesta de muchas formas. En mi vida, era principalmente el afán de verme bien y de hacer mi mejor esfuerzo por no decepcionar a mi padre. (Lo irónico es que era muy difícil decepcionarlo. Él era increíblemente bondadoso, lo cual hacía mi temor aún más ridículo). Para otras personas, el temor puede estar motivado por un deseo de encajar en un determinado grupo o de no ser identificado con una persona en particular. Quizás te niegas a que te identifiquen con algunas personas a quienes rechazas, a fin de proyectar cierta apariencia delante de otros. Las redes sociales son especialistas en alentar el temor al hombre. Miramos quién ha puesto "me gusta" en nuestra publicación o fotografía, temerosas de lo que escribimos y con la esperanza de llamar la atención.

Has oído el dicho: "Nada hay nuevo debajo del sol" (Eclesiastés 1:9). Esto es definitivamente cierto en lo que respecta al temor al hombre. Pedro (ya sabes, el hombre que caminó cerca de Jesús) negó a su amigo y Salvador no una sino *tres* veces. Él no lo negó en días felices. Negó a Cristo cuando Él se dirigía a la muerte y lo hizo porque temió al hombre. Un examen de este relato de la vida de Pedro nos dará una idea acerca de las motivaciones y las consecuencias de este temor.

Jesús había profetizado que Pedro iba a negarlo, pero el discípulo se opuso con gran vehemencia diciendo: "Si me fuere necesario morir contigo, no te negaré" (Marcos 14:31). Pedro cayó en la trampa de creer que era inmune a ese pecado. Pablo nos advierte que, si alguien piensa que está firme, "mire que no caiga" (1 Corintios 10:12). Aunque nadie es completamente

---

1. Lou Priolo, *Pleasing People: How Not to Be an Approval Junkie* (Phillipsburg, NJ: P&R, 2007), 64.

inmune a ciertas tentaciones, Pedro estaba muy seguro de sí mismo. Estaba seguro de que iba a permanecer firme con Jesús, que iba a enfrentar a las autoridades y a los burladores hasta el final amargo (Marcos 14:29).

Sin embargo, sabemos bien cómo terminó esto. Pedro no permaneció firme con Cristo y lo negó dos veces a una sierva y luego ante una multitud completa. Cuando el gallo cantó, Pedro supo de inmediato que no había pasado la prueba que, con tanta seguridad, había creído que pasaría. Pedro no persistió en su orgullo ni inventó excusas para su negación. Cayó al piso y lloró. Imagino que hubo muchas lágrimas. Había traicionado a su amigo, maestro y Salvador por temor a perder su propia vida. Pedro no quería morir. En ese momento, Pedro olvidó lo que significaba seguir a Cristo.

Cuando tememos al hombre, nos pasa lo de Pedro en ese momento de olvido. Pedro olvidó que quienes matan el cuerpo no pueden matar el alma (Mateo 10:28). Verás que el pasaje bíblico es citado a lo largo de este libro porque esas pocas palabras contienen un océano de verdad teológica acerca del temor del Señor. Solo hay uno a quien debemos temer y es el Señor. Pedro olvidó, como tú y yo olvidamos tantas veces. Su afán fue preservar su vida. Para él fue más importante confundirse entre la multitud que ser conocido como "uno de aquellos".

Pedro caminó de cerca con Jesús. He dicho esto en un tono que no lo hace ver tonto ni con el ánimo de condenarlo, sino más bien para subrayar la sublime gracia de Jesús. Jesús sabía que Pedro iba a negarlo. Jesús es Dios y, por tanto, poseía toda la presciencia de su Padre. Jesús no solo predijo la negación de Pedro (Marcos 14:27-31), sino que sabía que un día Él honraría a Pedro a pesar de aquel suceso (Mateo 16:19). Y Él hace lo mismo con nosotras.

Tristemente, tú y yo negamos a Cristo cada vez que nos preocupa más lo que piensan los demás que lo que Dios ha declarado de antemano acerca de nosotras. Cada vez que buscamos la aprobación y la alabanza de los hombres, decimos al Señor que su sacrificio no fue suficiente. Y Él nos dice que Él mismo se volvió el "temor al hombre" a fin de que nosotras fuéramos contadas por justas. Delante del Señor, podemos presentarnos como quienes solo se preocupan por amarlo y agradarlo a Él, y todo está consumado gracias a Cristo. Él ya se complace contigo y conmigo.

Hay otro problema inquietante con el temor al hombre, uno que solemos pasar por alto. Es el juicio. El temor al hombre no siempre supone negar a otros o desear agradar a otros, sino que a veces tememos al hombre en nuestros pensamientos secretos acerca de otros. Las situaciones que imaginamos y tememos pueden llevarnos a juzgar a otros.

> Cada vez que buscamos la aprobación y la alabanza de los hombres, decimos al Señor que su sacrificio no fue suficiente.

La calumnia, el juicio y el temor al hombre

Recuerdo un incidente cuando mi nombre y mi persona fueron objeto de críticas y ataques. Fue terrible. Fue doloroso. De inmediato confronté a los responsables. Lloré y ellos reconocieron la falta, y ya está. Pidieron perdón y yo perdoné.

Casi nunca sabemos lo que *realmente* piensan otras personas de nosotras. Y con frecuencia me pregunto si, en realidad, queremos saberlo. Por lo general, tenemos la opción de pensar lo mejor o de ignorar la cuestión por completo. Lamentablemente, la mayoría no pensamos lo mejor y tampoco nos despreocupa lo que otros piensen. A todas nos inquietan las opiniones de los demás. Este es el temor al hombre. Puede manifestarse de muchas formas, pero hay una cosa de la cual podemos estar seguras: es una trampa (Proverbios 29:25). He descubierto que cuando me veo tentada a temer al hombre, por lo general se fundamenta en mi temor a lo que alguien piense de mí. Sin embargo, al indagar más a fondo me doy cuenta de que, en realidad, estoy juzgando y esperando lo peor de los demás.

El temor al hombre y el juicio

El temor al hombre nos lleva con frecuencia a juzgar a otros porque empezamos a dar por hecho que conocemos sus motivos, sus pensamientos, su carácter y sus intenciones. Alguien olvida responder un correo electrónico y, de inmediato, das por hecho que no eres una prioridad y que la otra persona es egoísta. Al final resulta que estaba de vacaciones. Te cruzas con alguien en el pasillo y no te saluda, por lo que das por sentado que no le agradas o es un grosero. Resulta que no te vio. Invitas a una persona a algo y declina la invitación, por lo que das por hecho que la has decepcionado. Resulta que, simplemente, no tenía deseos de asistir, estaba enferma o tenía otra ocupación. En realidad, no importa lo que la otra persona piensa o hace, porque nuestra preocupación por lo que los demás piensan nos lleva a emitir juicios pecaminosos.

El temor al hombre y el olvido de sí

Los pensamientos distorsionados que nos llevan a juzgar a otros son una forma de orgullo que solo puede remediarse con lo que Tim Keller denomina "la humildad del evangelio". Como explica en su útil libro *Autoolvido: El camino a la verdadera libertad*:

> La humildad del evangelio es no necesitar pensar acerca de mí mismo. Es no necesitar vincular lo que ocurre con mi yo. Es el fin de pensamientos como: "Estoy en este recinto con estas personas. ¿Me conviene estar aquí? ¿Quiero estar aquí?". La verdadera humildad del evangelio significa que dejo de relacionar cada experiencia y cada conversación con mi persona. De hecho, es dejar de pensar

acerca de mí. La libertad del olvido de sí. El bendito descanso que solo trae el olvido de sí mismo.[2]

La preocupación por lo que otros piensan es orgullo. Tal vez quieres ser estimada en gran manera. Tal vez detestas la idea de que te malentiendan (sí que comprendo eso). En cualquier caso, es orgullo y sabemos que Dios resiste al orgulloso (Santiago 4:6). Todo creyente verdadero anhela la humildad del evangelio. Ninguna de nosotras desea quedarse como está, sino que todas queremos ser transformadas en la semejanza de Cristo. Los cristianos no buscan desobedecer a Dios ni contristar al Espíritu. Además, no es divertido consumirse pensando en lo que piensan los demás. Keller explica su secreto del dulce olvido de sí mismo que encontramos en el evangelio:

¿Entendemos realmente que es solo en el evangelio de Jesucristo que se emite un veredicto antes de que haya desempeño alguno de nuestra parte? En el cristianismo, el veredicto conduce al desempeño. No es el desempeño lo que lleva al veredicto. En el cristianismo, en el momento en que creemos, Dios dice: "Este es mi hijo amado, en quien tengo complacencia". O citemos Romanos 8:1 que dice: "Ahora, pues, ninguna condenación hay para los que están en Cristo Jesús". En el cristianismo, en el momento en que creemos, Dios nos imputa el desempeño perfecto de Cristo como si fuera nuestro y nos adopta en su familia. En otras palabras, Dios puede decirnos como dijo antes a Cristo: "Eres mi Hijo amado, en quien tengo complacencia".[3]

El veredicto de "bien hecho" es emitido y, por ende, tú y yo corremos la carrera de la fe desechando el juicio y el temor al

---

2. Timothy Keller, *The Freedom of Self-Forgetfulness* (Chorley, UK: 10Publishing, 2013), edición Kindle, loc. 211-309. Publicado en español por Andamio con el título *Autoolvido: El camino de la verdadera libertad*.

3. Me baso en Keller, *The Freedom of Self-Forgetfulness*, edición Kindle, loc. 211-309.

hombre. Aunque fracasemos muchas veces, seguimos adelante esforzándonos. Después de todo, la declaración divina de "bien hecho" nos motiva e inspira una vida consagrada a su gloria.

Desearía poder afirmar que la batalla contra el temor al hombre y la tentación de juzgar a otros es fácil, pero no lo es. Sin embargo, podemos tener la certeza de que Dios, en efecto, perfeccionará la buena obra que empezó en nosotras (Filipenses 1:6). Este es un caminar de fe, una carrera hasta la línea de llegada que nos liberará de nuestra lucha con el pecado y la tentación y nos llevará a la gloria. Un día estaremos con nuestro Salvador adorándolo por la eternidad. Nunca volveremos a adorar al ídolo del hombre.

Una encrucijada

Cuando oí las buenas nuevas del evangelio, fue tan maravilloso y liberador que no podía resistir alegrarme y contarlo a otros. (¿Has observado ese comportamiento en los nuevos cristianos?). Sin embargo, en lo que pareció ser un instante, mi gozo y mi espíritu despreocupado fueron invadidos por el temor al hombre. Todo el tiempo temía estar haciendo algo incorrecto. Había temido al hombre antes, pero esta vez ya no me era oculto. Lo veía cara a cara. Durante una breve temporada, pensé que había logrado dominar a la bestia. Leí libros (parecidos a este capítulo) completamente dedicados al tema. Oré. Seguí todos los consejos y parecían funcionar. Pero luego me casé. En un sin fin de situaciones, temía lo que mi esposo pensara de mí. ¿Pensaba él que yo estaba suficientemente en forma? ¿O demasiado? ¿Qué pensaba de lo que cocinaba? ¿Estaba mi comida a la altura de las expectativas de su mamá? (Ella es una chef excelente, aunque no tenga título ni galardones). Yo vivía en una batalla constante contra mí misma. Mi esposo me mostraba su agradecimiento por preparar la comida, pero no como yo esperaba, por lo que daba por hecho que la detestaba. Yo me sentía decepcionada. Yo, yo, yo. Todo era acerca de mí.

Tristemente, ahí no terminaba todo. Mi temor a lo que otros piensan de mí empezó a afectar mi matrimonio. A pesar de que mi esposo me afirmaba y animaba respecto a varias actividades, yo seguía temiendo lo que otras mujeres pensaran. Cuando las mujeres daban su opinión acerca de mi vida, mi trabajo y mi ministerio, en lugar de sopesar sus palabras a la luz de la Palabra de Dios y de confiar en el Señor (y en mi esposo), yo quedaba paralizada de temor. Cuestionaba las decisiones de mi esposo y en lugar de aceptarlas, pensaba lo que otros harían o no harían en nuestra situación. Detestaba la idea de no ser aceptada por ser "diferente".

Como ya he señalado, el temor al hombre está delineado en la Palabra de Dios como un lazo (Proverbios 29:25) o trampa. El temor te atrapa en tu mente y te impide obedecer, confiar y temer al Señor. Es una trampa que me impidió confiar en mi esposo respecto a las decisiones o a su opinión. Es una trampa porque te cautiva para poner a las personas por encima de Dios, convirtiéndolas en objetos de tu adoración.

Me sentía en una encrucijada. Podía creer que es verdad lo que Dios dijo en su Palabra acerca de sus hijos o podía seguir confiando en mis propios sentimientos, temores y pensamientos. Era una cuestión de fe. Dios dijo que Él es por nosotros (Romanos 8:31). Él ve a los que están en Cristo como quienes están revestidos de la justicia de Cristo (Romanos 5:17) y Él está obrando sin cesar en nuestra vida (Filipenses 1:6). Dios me estaba llevando al punto de la humildad para poder así exaltarme.

El remedio para el temor al hombre no es una mayor estima o amor propios. Como escribí en mi libro *United*:

> La cura del mundo para el temor al hombre es encontrar maneras de sentirse orgulloso de sí mismo y encontrar seguridad en y por medio del yo. Frases como "ámate" o "cree en ti" o incluso la tierna

pero teológicamente floja cita atribuida a Walt Disney: "Si puedes soñarlo, puedes lograrlo", no hacen más que centrarse en el yo. En cambio, Dios dice que lo opuesto al temor al hombre no es encontrar seguridad y orgullo en uno mismo. Es depositar nuestra confianza y poner nuestra seguridad en Él.[4]

Combatir el temor al hombre empieza, como afirma Tim Keller (citando a C. S. Lewis), con pensar menos en nosotras mismas.[5]

Para que tú y yo dejemos de preocuparnos por los demás, tenemos que empezar a pensar en Jesús. A medida que meditamos en el carácter de Dios y recordamos su santidad (Salmos 77:13), omnisciencia (Salmos 147:5), soberanía (Deuteronomio 4:39) y amor (Juan 3:16), empezamos a experimentar el principio de la sabiduría y del entendimiento (Salmos 111:10). Cuando me propuse pensar acerca del carácter de Dios, empecé a experimentar la verdadera libertad en Cristo y el gozo en el Señor. Mi vida ya no dependía de otros, sino que se sometía más a Dios.

Repito, no se trata de pensar de nosotras como menos. Yo no combato el temor al hombre y mi preocupación por lo que piensan los demás esperando lo peor en todo lo que hago y mortificándome a mí misma mientras exalto a los demás. No niego los dones de Dios en mi vida, lo cual sería falsa humildad. No ando por ahí cabizbaja con miedo a que me elogien o me animen, lo cual solo atraería más atención a mi propio yo. Lo que estoy aprendiendo a hacer es olvidarme de mí misma para poder disfrutar a otros, disfrutar lo que el Señor está haciendo y, más importante aún, disfrutar y adorar a mi Padre.

Tal vez tu lucha no sea tan grande como la mía, pero no dudo que hayas experimentado situaciones en las que te preocupaste por lo que otros pensaban de ti. Es demasiado fácil caer en eso.

---

4. Trillia Newbell, *United* (Chicago: Moody, 2014), 45.
5. Keller, *The Freedom of Self-Forgetfulness*.

Creo que una razón por la que nos importa tanto lo que otros piensan es el deseo de mantener las apariencias. Queremos que los demás piensen que somos tranquilas o "geniales", de modo que desobedecemos al Señor en cierta área; queremos que los demás piensen que somos justas, de modo que jugamos al papel de la niña buena aun cuando somos desdichadas; queremos que los demás piensen que no tenemos vínculos con determinadas personas u organizaciones, de modo que negamos a nuestros amigos (como Pedro negó a Jesús). Muchas veces nuestras acciones nos impiden amar y servir a otros porque nos preocupa demasiado lo que piensen los demás. La razón por la que esto sucede es el orgullo. Nuestro orgullo y deseo de ser vistas de cierta manera nos impiden tener la vida que Dios desea para nosotras.

> Nuestro orgullo y deseo de ser vistas de cierta manera nos impiden tener la vida que Dios desea para nosotras.

Así que la verdadera pregunta es: ¿Te cuesta encontrar tu plena y completa aceptación y satisfacción en Dios y nada más? A mí me sucede esto y estoy segura de que a ti también. Todas lo experimentamos en cierta medida. Si te identificas con lo que he descrito y sientes un anhelo profundo de ser aceptada por otros, es posible que experimentes desaliento. Simplemente, no vas a poder complacer a todo el mundo. Es imposible. Podemos complacer a los demás, pero solo en cierto grado, y no es algo que satisfaga. Su alabanza solo nos dejará hambrientas de más. Su afecto nos dejará insatisfechas. Su aceptación se agotará cuando pequen contra nosotras y descubriremos de paso que las otras personas también son igualmente pecadoras. El único que nos satisfará por completo y sin decepcionarnos es el Señor.

No podemos encontrar satisfacción y deleite verdaderos y duraderos sino por medio de Él y en Él. David entendió esto y escribió:

"Me mostrarás la senda de la vida; en tu presencia hay plenitud
de gozo; delicias a tu diestra para siempre" (Salmos 16:11). Nuestro error radica en cambiar estos placeres que son eternos por la
esperanza de aceptación o la alabanza que duran un minuto y pro-
vienen de simples mortales. Cuando lo miras desde esa perspectiva,
es evidente que se trata de un esfuerzo inútil.

El problema con insistir en el tema es que podemos correr
el peligro de volvernos demasiado introspectivas. La idea no es
hacerte sentir mal contigo misma. Ese no es el objetivo ni la esencia de lo que significa el olvido de sí. Lo que tú y yo necesitamos
es recordar a Dios. No tenemos que vivir afanadas buscando
agradar a las personas, porque ya hay alguien que se complace
con nosotras. La sangre de Jesús cubre el temor al hombre. Dios
te ve como justa y como quien le teme de manera perfecta. Es
imposible predicar esto en exceso, porque olvidamos con demasiada facilidad. Dios tiene el poder para cambiarte a ti y a mí y
Él perfeccionará su buena obra.

Un lugar seguro

Proverbios 29:25 dice que quienes temen al hombre están atrapados con un lazo, pero quienes no temen al hombre confían en
el Señor y estarán seguros. En otras palabras, el temor al hombre
refleja un corazón que no confía en el Señor. Pedro no confiaba
en que el Señor lo protegiera, y cuando yo temo a lo que piensen los demás, no confío en que el Señor se agrada de mí. Sin
embargo, Dios ama nuestro corazón y nuestra mente. Él quiere
que lo amemos con todo nuestro corazón y con toda nuestra
mente (Mateo 22:37). Él quiere que confiemos en Él. Solo en Él
hay paz, descanso y seguridad.

Estamos tan familiarizadas con el mensaje de que el Señor
perdona el pecado y tal vez es la expresión suprema de su seguridad (estar a salvo de su ira), que rara vez hablamos acerca de

ese aspecto de su carácter. En Dios tenemos seguridad. Tú y yo pensamos que tenemos que controlar lo que los demás piensan, pero Dios dice que no, y declara que estamos a salvo y seguras. Nosotras pensamos que tenemos que preocuparnos por el daño que puedan causarnos los demás (físico o de otro tipo), por lo que callamos en vez de hablar acerca de Jesús; en cambio, Dios declara que estamos seguras. El temor al hombre nos pone lazo, nos atrapa como un animal enjaulado, pero el temor del Señor nos conduce a los brazos seguros de un Padre. ¡Cuán maravilloso es esto! Más adelante profundizaremos en lo que significa temer al Señor, pero por ahora maravillémonos ante la realidad de vivir seguras en el Señor.

Quizás esta es la primera vez que enfrentas el temor al hombre en su verdadera dimensión. Recuerda que el Señor desea que no sigamos como estamos. Tú y yo no queremos ser como el hombre que se mira en el espejo y luego olvida cómo se ve (Santiago 1:23-24). Si Dios, en su tierna gracia, trae convicción a tu vida, Él proveerá también la gracia para escapar, perdonar y arrepentirte. Pide a Dios que te dé una visión de quién es Él y que puedas confiar que es lo que dice que es. Estarás segura en Él.

Mi padre falleció cuando estaba en mi primer año de universidad. Durante la mayor parte de su vida, batalló contra la diabetes y, al final, un cáncer y la insuficiencia cardíaca congestiva apagaron su vida. Él era mi héroe y mi mejor amigo. El Señor lo usó para protegerme de muchos peligros y usó su muerte como un medio para revelarse a mí cuando ya no tenía a mi papá por quien yo vivía. Cuando me hice cristiana, me quedó claro que Dios quería que yo entendiera que Él era mi Padre. Y, a pesar de que yo peco contra el Señor, no lo decepciono, porque Él no se fija en mi desempeño, sino que cuando me ve a mí, ve a Jesús.

Esto es asombroso. Como hija suya, deseo agradarle y glorificar su nombre, pero no tengo que temer su rechazo ni su enojo (o ira). Ese es nuestro Padre, queridas lectoras. Que esta realidad nos motive a no temer al hombre.

Capítulo 2

El temor al futuro

*E*l trabajo de mi esposo le exige hacer viajes de varios días e incluso una semana completa. Cada vez que sale de viaje, yo lucho con el temor de que nunca regrese. Cuando se sube a un avión, me imagino que el avión estalla en llamas. Cuando alquila un auto, oro para que no tenga un accidente. Lo cierto es que esas tragedias *pueden* suceder (bueno, es poco probable que el avión estalle en llamas, pero tenme paciencia). Conozco a mujeres que han perdido esposos en accidentes automovilísticos; sé que algunas veces las personas salen de su casa para algo rutinario y nunca regresan, pero no puedo vivir con la preocupación constante acerca de un futuro que no ha sucedido.

No estoy segura si existe un mayor temor para una mujer que el temor a lo que pueda suceder (o a lo que no suceda). Tú y yo oramos por nuestros esposos, hijos, escuelas y profesiones, pero pocas veces nos acercamos a Dios en paz. En lugar de eso, nos acercamos a Él ansiosas y a la expectativa de alguna catástrofe. El bien *la* seguirá todos los días de su vida, o tal vez solo en la vida de ella, pensamos, de alguien más, pero no *mi* vida. Es difícil no tener el control y, sin duda, algo que no podemos determinar con precisión es lo que está por venir. Afortunadamente, la Palabra de Dios abunda en promesas hermosas que disipan todos nuestros pensamientos de temor.

Imagina, si puedes, que tienes noventa años. Lo más probable es que tengas el cabello fino y blanco, que camines con un bastón y quizás pases demasiado tiempo en una silla de ruedas, porque tus piernas, que antes eran ágiles y fuertes, han dejado de funcionar bien. Ahora imagina que alguien se te acerca y te dice: "Oye, Sara, siempre has querido tener un bebé, ¿verdad? Bueno, llegó la hora. Por fin vas a concebir un hijo". Tú mirarías a esa persona con absoluta incredulidad. Incluso te reirías. Todos esos años de espera y de anhelo y de repente, cuando todo asomo de esperanza ha desaparecido, recibes la promesa de un hijo.

> La Palabra de Dios abunda en promesas hermosas que disipan todos nuestros pensamientos de temor.

Hablo de la historia de la promesa de Dios a Abraham y a Sara de que tendrían un hijo, Isaac. En las páginas del libro de Génesis, leemos acerca de cómo Dios prometió a Abraham un legado de naciones por medio del nacimiento de un hijo (Génesis 17:16). Dudosos, Abraham y Sara se rieron cuando oyeron la declaración de Dios (Génesis 17:17; 18:12). Supongo que Sara había deseado un hijo antes de recibir la promesa de Dios. Hay un sinnúmero de temores que están asociados con la posibilidad de no quedar embarazada y, por la risa dudosa de Sara, podemos suponer que a la edad de noventa años había renunciado al prospecto de ser madre. ¿Puedes imaginarte embarazada a los noventa años?

Después de reír desafiante frente a la idea de quedar embarazada, Dios enfrentó a Sara con la pregunta retórica: "¿Hay para Dios alguna cosa difícil?" (Génesis 18:14). Dios cumplió su promesa y Sara, milagrosamente, quedó embarazada. Sin embargo, cuando eso sucedió tuvo nueve meses de espera para ver cómo respondería su cuerpo frágil y debilitado. ¿Sería capaz de llevar el embarazo a término? ¿Por medio de un aborto espontáneo le enseñaría Dios una lección acerca de confiar en Él? No sé tú, pero en mi caso, estos son algunos pensamientos con los que yo batallaría después de quedar embarazada a los noventa. Batallaría con el temor a lo desconocido. Desearía tener el control absoluto de la situación. Quizás batallaría porque ya he visto materializados esos temores. He sufrido cuatro abortos espontáneos y, con cada embarazo, he tenido que luchar con el temor de perder a un hijo. (Hablaré más acerca de esta experiencia en el capítulo 4).

Puede que pienses: *Sí, pero todo salió exactamente como esperaban estos personajes bíblicos.* Sí y no. Sara habría preferido tener un hijo a una edad más joven (supongo). Murió a los 127 años, dejó a Abraham viudo y no pudo ver a su hijo casarse (Génesis 23:1; 24). Y, como bien sabemos, la vida posterior fue difícil para sus descendientes. ¿Resultó como el Señor lo había planeado? ¡Sin duda! ¿Y Dios redimió todo al final? Sí. A pesar de eso, tú no puedes ver tu propio futuro de la misma manera que ves el progreso en las vidas de los personajes bíblicos. Nosotras no podemos ver toda nuestra línea del tiempo. De modo que tenemos que confiar en el Señor porque solo Él sabe. Sin embargo, una cosa está garantizada y es segura todos los días de tu vida: la fidelidad de Dios.

Esas palabras, que Dios ha sido fiel y lo será de nuevo, aparecen en la letra de la canción "He's Always Been Faithful" de Sara Groves. En la canción, ella describe la fidelidad de Dios cada mañana y en cada estación. Ella describe: "En cada estación, yo lo veo, maravillada por los misterios de sus caminos perfectos".[1] Cada página de la Palabra de Dios proclama su fidelidad. Cada

---

1. Thomas O. Chisholm, William M. Runyan, Sara Groves, "He's Always Been Faithful", del álbum *Conversations* (Carol Stream, IL: Hope, 2001).

historia nos lleva a Jesús y a la redención del mundo. Y, si nos fijamos, podemos ver la fidelidad de Dios con nosotras ahora mismo. En Deuteronomio 32:4, Moisés se refiere a Dios como la "Roca" cuya obra es "perfecta" y cuyos caminos son "rectitud". Él es un "Dios de verdad, y sin ninguna iniquidad en Él; es justo y recto". Y en 1 Tesalonicenses, leemos acerca de la confianza de Pablo en la fidelidad de Dios: "Fiel es el que os llama, el cual también lo hará". En otro pasaje, Pablo escribe que Dios terminará la buena obra que comenzó en nosotros (Filipenses 1:6). El Salmo 89, aunque es un lamento, proclama la fidelidad de Dios: "Las misericordias de Jehová cantaré perpetuamente; de generación en generación haré notoria tu fidelidad con mi boca... Oh Jehová, Dios de los ejércitos, ¿quién es como tú? Poderoso eres, Jehová, y tu fidelidad te rodea" (vv. 1, 8).

> En su bondad y en su soberanía Dios usará todo para nuestro bien conforme a su propósito.

Tú y yo tenemos que luchar para recordar la fidelidad de nuestro Padre cuando enfrentamos los grandes temores acerca de lo por venir. Pregúntate a ti misma: ¿Ha sido fiel Dios? Este año puedes contar con que el Señor será fiel de nuevo. Esto no significa que todo suceda exactamente como tú deseas. No significa que la oración será respondida como quieres. Antes bien, significa que en su bondad y en su soberanía Dios usará todo para nuestro bien conforme a su propósito (Romanos 8:28). Puede que solo veamos la evidencia de la mano fiel de Dios hasta el final de nuestros días, pero sabemos que estará ahí con nosotras.

Hasta ese día cuando nuestra fe se vuelva vista, seguiremos batallando. Creo que hay dos razones por las que tengo la tendencia a temer al futuro. La primera es que estoy convencida de que yo haría lo que más conviene y, por tanto, quiero tener el control. En esos momentos, no confío en que el Señor tenga el mejor plan y no confío en que Él opere como mi Padre. Desde mi óptica, considero que lo único que todas necesitamos es paz, perfecta salud, riqueza y comodidad. Pienso que necesitamos una vida de descanso y no de sufrimiento. Estas no son cosas malas en esencia, ni es malo desearlas. De hecho, en gran medida, esa vida soñada que espero es lo que un día recibiré en el cielo. La vida es dura y difícil porque vivimos en un mundo caído. Cuando el pecado entró, la vida y el trabajo se volvieron verdaderas batallas.

Sin embargo, ¿qué sucede cuando temo que pase lo peor en el futuro? ¿qué sucede cuando me veo vulnerable frente al peligro de todas esas calamidades? Mi tentación es ponerme ansiosa y llenarme de preocupación. La ansiedad puede llevar a comportamientos irracionales. Recuerdo un día en particular cuando estaba preocupada por mi esposo. Me senté en el sofá esperando que me llamara. Él estaba de viaje por su trabajo y yo quería recibir la confirmación de que había llegado bien. Llamé a su teléfono celular y no hubo respuesta. Al cabo de treinta minutos de silencio, me imaginé que estaba ocupado en su trabajo y seguí con mi rutina diaria. Al cabo de unas horas, empecé a preocuparme. ¿Le robaron? ¿Se precipitó el avión en una bola de llamas? (Los aviones y yo... ¡Como si no fuera ya evidente mi miedo a volar!). Mi mente empezó a divagar y a considerar todo tipo de posibilidades aterradoras. Entonces sonó el teléfono: "Hola, cariño —dijo con su acostumbrada voz tranquila y serena—. Siento mucho no haberte llamado. Mi teléfono se quedó sin batería y apenas acabo de instalarme en el hotel".

¿Sirvió de algo toda mi preocupación? No. Y, por fortuna, Dios tiene algo que decir al respecto. En Mateo 6:27, Jesús pregunta: "¿Y quién de vosotros podrá, por mucho que se afane, añadir a su estatura un codo?". La respuesta es simple: Nadie puede añadir a su vida absolutamente nada preocupándose por el futuro. Jesús habla acerca de no estar ansiosas por nuestra vida, y gran parte de ello tiene que ver con el futuro: "No os afanéis por vuestra vida, qué *habéis de* comer o qué *habéis de* beber; ni por vuestro cuerpo, qué *habéis de* vestir" (Mateo 6:25).

La segunda razón por la que temo al futuro es la incredulidad. Todo temor tiene un elemento de incredulidad, pero el temor a lo que pueda suceder en el futuro parece originarse particularmente en la falta de fe. Puesto que Dios es real, poderoso y bueno, ¿por qué no he de descansar en lo incierto? Lo que sucede en mi caso es que, en esos momentos cuando siento que todo está fuera de control, creo que Dios no es lo que Él dice que es y que yo debo tomar las riendas del asunto. Básicamente declaro que Dios no puede manejar el desastre en cuestión. No puede manejar ese problema. No puede manejar esta posible catástrofe, de modo que tengo que tratar de remediarlo por medio de mi preocupación o de acciones innecesarias.

En términos generales, mi preocupación por el futuro incluye la salud y la seguridad de mi familia, pero en tu caso puede ser algo diferente. Quizás tu temor al futuro tiene que ver con la pérdida de tu casa, pérdidas financieras o laborales, y por causa de tu temor, te falta fe en la provisión de Dios o acumulas tesoros en la tierra (Mateo 6:19-21) y no inviertes tus recursos económicos. Tal vez tu temor es un divorcio, por lo que te sientes tentada a desconfiar de tu marido. Hay una lista interminable de maneras en las que podemos ser tentadas a dudar que Dios puede realmente encargarse del futuro.

Supongo que el padre del joven con un espíritu inmundo no tenía una visión muy optimista del futuro para su hijo. Marcos relata que el joven tenía un espíritu que lo había dejado mudo, lo arrastraba y producía espumarajos que salían de su boca (Marcos 9:17-18). El padre trajo al joven a los discípulos de Jesús, que fueron incapaces de sanarlo, de modo que acudió a Jesús, quien de inmediato reprendió a todos diciendo: "¡Oh generación incrédula! ¿Hasta cuándo he de estar con vosotros?" (Marcos 9:19). Esas personas tenían el mismo problema: incredulidad. A pesar de sus dudas, el padre siguió rogándole a Jesús que sanara a su hijo. El padre dijo: "Creo; ayuda mi incredulidad" (Marcos 9:24). Él no sabía lo que el futuro le deparaba a su hijo, pero sabía lo suficiente para entender que Jesús tenía el poder para salvarlo. El padre no acudió a Jesús con una montaña de fe, sino con una fe pequeña. Esto debe animarnos cuando luchamos con nuestras propias dudas y temores al porvenir. Incluso un poco de fe puede protegernos de la inquietud innecesaria y de la ansiedad que produce el temor. Aunque dudemos que Dios puede manejar todo tipo de situaciones, lo cierto es que Él sí puede, y en el capítulo 8 veremos por qué.

Por ahora, debes saber que Dios quiere recordarnos que Él se encargará de todas nuestras necesidades. No tenemos que temer al futuro. "¿No se venden dos pajarillos por un cuarto? Con todo, ni uno de ellos cae a tierra sin vuestro Padre" (Mateo 10:29). Lo único que va a remediar nuestros corazones temerosos, controladores, hambrientos y ansiosos es entender, conocer y recibir más de Él. Tenemos que saber que Él es bueno, que tiene todo bajo control y que cuida de nosotras. Entre tanto, clamamos al Señor: "Creo; ¡ayuda mi incredulidad!".

Capítulo 3

El temor a otras mujeres

Un obstáculo que experimenta el bello ministerio de Tito 2 y la comunidad que Dios se propuso congregar en la iglesia es la comparación pecaminosa. Algunos culpan a las redes sociales por esto; otros a las revistas. Sin importar a quién deseamos culpar, es real y es horrible. *Lo que ella tiene es mejor. ¿Por qué no puedo tener eso? Desearía solamente...* Ya sabes a qué me refiero, a ese deseo agobiante por lo que otra persona tiene. Su raíz es la codicia. Esta se transforma en temor a otras mujeres que pueden parecer mejores, más importantes o más equilibradas. O, peor aún, este temor puede llevarnos a la calumnia, el chisme o el desdén por ellas. Tenemos que desechar la codicia y vestirnos de gozo, amor y contentamiento.

Una de mis amigas, Elyse Fitzpatrick, escribió un libro titulado *Mujeres aconsejando a mujeres*.[1] Cabe aclarar que nunca lo he leído (he leído muchos otros libros suyos). Ella es probablemente la mujer más sincera que he conocido. Es natural, real y graciosa.

---

1. Ver Elyse Fitzpatrick, *Women Helping Women: A Biblical Guide to Major Issues Women Face* (Eugene, OR: Harvest, 1997). Publicado en español por Faro de Gracia con el título *Mujeres aconsejando a mujeres*.

Y, para ser franca, este capítulo nada tiene que ver con ella en realidad. Sin embargo, el título de su libro simplemente me hizo pensar acerca del problema que, con frecuencia, observo en nuestras iglesias y grupos de mujeres. Me parece que las mujeres no se ayudan mutuamente. Y, de hecho, parece que nos estamos volviendo más hábiles para odiarnos. Sé que esto suena fuerte, pero cuando miro en la Internet eso es lo que encuentro.

Lo que percibo es que somos duras con las otras mujeres. Existe un fenómeno al que se le denominó "las guerras entre madres". Todavía discutimos acerca de cómo alimentar y criar a nuestros hijos. ¿Debemos usar alimentos orgánicos, integrales o enlatados? ¿Damos a luz en el hospital o lo hacemos en casa? ¡Hay quienes afirman que ni siquiera eres una verdadera mujer si no has experimentado un parto natural! Ni qué decir acerca de la escuela en casa comparada con la escuela pública. Es posible perder amistades por tomar esa decisión de manera "equivocada".

La moda es hablar acerca de las maneras en las que los hombres nos han oprimido como mujeres, y aun así yo me pregunto: ¿Son los hombres el verdadero problema? No en este caso. Los hombres no son quienes lideran esta guerra. Aun si nunca has participado plenamente en ella, tal vez sabes a qué me refiero. He aquí otros ejemplos: las mujeres que trabajan son acusadas de ser feministas independientes; las mujeres que se quedan en el hogar, de desperdiciar sus capacidades; y las mujeres que hacen ambas cosas, de desatender a sus hijos. Se debate si las mujeres deberían amamantar, si las jovencitas deberían ir a la universidad, si las jóvenes deberían pensar únicamente en el matrimonio, etcétera y etcétera. ¿Hay mujeres entusiasmadas por servir al Señor que son criticadas por sus hermanas? Es agotador.

Por supuesto, sabemos que, con frecuencia, nosotras somos quienes lastiman a otras, ¿no es así? Lo sabemos, ¿acaso no es así?

Hace poco hablaba con algunas de mis amigas acerca de ideas para blogs. Una de ellas dijo: "Quiero empezar un blog que se titula *Soy una mamá perdedora*". Todas nos reímos y empezamos a hablar acerca de lo diferente que es nuestra vida real en comparación con nuestra vida en Facebook. Bromeamos acerca de levantarnos más tarde de lo deseado, de publicar fotos en Instagram con nuestras habitaciones desordenadas, de alimentar a nuestros hijos con cereales azucarados para el desayuno y de la solución fácil y demasiado frecuente de ponerlos a ver películas.

¿Alguna vez te has sentido como una madre perdedora? Si es así, estás en buena compañía. Todas nos sentimos a veces como perdedoras. Saber esto nos permitirá no caer en la autocompasión y, en cambio, identificarnos con otras mujeres como nosotras. Cuando nos damos cuenta de que todas experimentamos lo mismo, podemos amarnos las unas a las otras en vez de competir o envidiarnos. Así es. Ninguna tiene todo perfectamente organizado y ejecutado. Estas son buenas noticias, amigas.

Ahora bien, definitivamente hay algunos días en los que me levanto a las 5 de la mañana y logro cumplir con muchas tareas que me propongo, los niños son obedientes, puedo leer mi Biblia y hacer ejercicio. Sin embargo, debido a que la vida es tan ajetreada, los niños son impredecibles, la enfermedad nos visita, los autos se descomponen, las hormonas se alteran y las agendas chocan; a veces mi vida parece un tornado que arrasa con todo y mi casa es un reflejo de ello. No quiero decir que no exista paz y gracia en medio del caos, sino sencillamente que la vida no siempre se ve tan perfecta como la describimos (o como desearíamos que fuera).

No tenemos que ceder a las presiones de convertirnos en portadas de revista. Ya sabes, tener casas estilizadas a la perfección, mesas servidas con todo lujo y cenas suculentas. La perfección de las revistas es una ilusión. Cada publicación emplea a talentosos artistas cuya única misión consiste en manipular las imágenes a fin de presentar algo que no es completamente real. He participado en anuncios publicitarios y no es real. Solo para dar un ejemplo, la comida (aunque se ve espléndida) no es real. E incluso cuando es real, se han hecho múltiples "tomas" para dar la mejor apariencia posible. Photoshop puede hacer ver cualquier cosa fenomenal.

> Debemos proponernos glorificar al Señor en todo lo que hacemos y descansar en el Salvador, que no nos impone la presión de ser perfectas.

No hay nada malo en la búsqueda de todo aquello que es esmerado, organizado y pulido. El Señor alaba al trabajador diligente. Proverbios 18:9 advierte que "el que es negligente en su trabajo es hermano del hombre disipador". Cuando me despierto por la mañana no estoy pensando: *Quiero que hoy sea un caos.* La vida simplemente a veces funciona de esa forma. Debemos proponernos glorificar al Señor en todo lo que hacemos y descansar en el Salvador, que no nos impone la presión de ser perfectas.

La buena noticia es que no eres una perdedora. Estás hecha a imagen de Dios (Génesis 1:26), eres una obra formidable y maravillosa (Salmos 139:14) y el Señor se goza sobre ti (Sofonías 3:17). Él no te mira y se debate entre aceptarte o no según lo que tú practicas. Él mira a su Hijo. ¿No te parece esto absolutamente liberador?

¿No te parece mucho mejor meditar en estas verdades acerca del deleite del Señor en ti, en lugar de los avisos publicitarios, la última revista o proyecto de diseño en Pinterest o lo que ves que tu hermana hace o no hace en las redes sociales? La próxima vez que vea mi sala desordenada que sí, me propuse ordenar, pero tuve que atender las necesidades inmediatas de mis hijos, pensaré en el Dios que se goza sobre mí. Y al buscarlo a Él y su reino, Él me dará todo lo que necesito (Mateo 6:33).

Envidiar a tu hermana

Ahora bien, cabe decir que, en efecto, algunas mujeres realmente parecieran ser capaces de manejar una gran cantidad de responsabilidades y al mismo tiempo vivir gozosas. Tristemente, he visto a estas mujeres catalogadas como "esposas Stepford". El término hace referencia a una mujer dócil que cocina, limpia, organiza su casa, obedece a su esposo y se viste bien. Pareciera tenerlo todo. Sin embargo, carece de personalidad.

Lamentablemente, esta caricatura se usa para describir a cualquier mujer que pareciera tenerlo todo. Denigramos a la mujer que cocina una excelente cena o habla con amabilidad acerca de sus hijos. Pensamos que solo se trata de una máscara que se pone. En nuestro temor a ser juzgadas como perezosas o a recibir la reprobación divina, recurrimos a la estrategia de burlarnos de otras mujeres para sentirnos mejor con nosotras mismas. Aun así, ¿nos hemos detenido a considerar que algunas mujeres han sido dotadas especialmente por Dios para ser amas de casa agradecidas y alegres o profesionales con carrera o con capacidades diferentes a las nuestras?

Todas tenemos el mismo Espíritu, pero diferentes dones. Pablo nos enseña acerca de estos diversos dones en 1 Corintios 12. Es importante que recordemos esto cuando entramos en la casa limpia y ordenada de una amiga o disfrutamos su deliciosa comida y espíritu alegre, o cuando vemos sus publicaciones en las redes sociales con su cabello perfectamente peinado y niños sonrientes vestidos con prendas que coordinan. Dios nos creó a todas a su imagen, pero cada mujer es única. Él nos dotó de manera especial para el provecho de los demás.

A pesar de todo, somos tentadas a juzgar (Mateo 7:1-5), de modo que damos por hecho que estas mujeres deben ser hipócritas o nos ponemos celosas y nos comparamos (no tenemos y codiciamos; Éxodo 20:17). Si esa es tu tentación, debes saber que no eres la única. De hecho, la Palabra de Dios dice que la tentación es común a todos los seres humanos (1 Corintios 10:13). Pero no tienes que ceder a esa tentación. ¿Qué sucede si en lugar de eso te regocijas? Cuando ves a mujeres que sobresalen en áreas que tú no dominas, puedes usarlo como una oportunidad para agradecer a Dios su diseño creativo.

Todo buen don

Es difícil gozarse cuando estás librando tu propia batalla personal. Lo sé muy bien. Aun así, si Dios nos llama a "gozarnos con los que se gozan" (Romanos 12:15), Él nos dará la gracia para hacerlo. En esos momentos difíciles, cuando nos comparamos y juzgamos —quizás a causa del temor—, debemos correr rápidamente al trono de la gracia para recibir gracia para el oportuno socorro (Hebreos 4:16). También podemos huir de la tentación. Podemos evitar las redes sociales (¡tú puedes!), pero no siempre podemos eludir a nuestras amigas alegres. En otras palabras, necesitamos pedir a Dios su ayuda para que cambie nuestro corazón. Es preciso que miremos la viga que tenemos en nuestro propio ojo en lugar de enfocarnos en la paja en el ojo de nuestra hermana en la fe. Yo creo que podemos, por el poder del Espíritu Santo, gozarnos con los que se gozan. Podemos alegrarnos por otras y ver la buena obra de Dios.

En última instancia, tú y yo debemos fijar nuestros ojos en Jesús. Él es el único *remedio* contra la tentación. Cuando estás mirando a tu amiga y piensas: *¿Por qué no puedo hacer lo que ella hace? ¿Por qué no tengo su capacidad?*, puedes dar gracias a Dios porque Él nunca te pidió tener la capacidad que ella tiene. Él es la fuente. Él es el dador de toda buena dádiva.

Puede que Dios no te haya dotado de la misma forma que tu vecina, o la mujer en línea que decora finos pasteles cada noche o la mamá que tiene niños pequeños y una casa limpia (¡lo sé!, parece una contradicción). Recuerda la fuente de sus dones y de los tuyos. Esto te llevará a gozarte, no en el don sino en el Dador del don. Dios nos ha hecho verdaderamente iguales a todas en valor y en dignidad, con diferentes dones. Y, al igual que sucede con nuestra salvación, nadie puede jactarse (1 Corintios 1:26-31), porque todo buen don procede de Dios.

Combate el temor dando ánimo a otros

Por lo general, evito hablar de un problema evidente sin considerar algunas soluciones. Doy gracias a Dios porque Él nos anima a despojarnos del pecado y a huir de la tentación, y no nos deja libradas a nuestra suerte para encontrar la forma de lograrlo (Colosenses 3:1-17). Eso para mí es alentador.

Sin las bondadosas palabras de ánimo de mis amigas, mi iglesia, mis pastores, mi esposo y colegas de trabajo, creo que ya me habría dado por vencida. El ánimo tiene un efecto energizante y edificante para la fe. Y no me refiero a una palabra casual de una amiga ("te ves bien"). Me refiero al ánimo específico, directo y detallado que es significativo y lleno de gracia. El ánimo destaca las maneras en que Dios se mueve en las vidas de otros. Por consiguiente, el ánimo guía a otros a Dios.

> Dios nos ha hecho verdaderamente iguales a todas en valor y en dignidad, con diferentes dones.

Ya hemos hablado acerca del temor al hombre. Uno de sus síntomas es la adulación. Podemos decir a las personas lo que nos parece que quieren oír con la esperanza de obtener algún beneficio de ellas. Eso no es dar ánimo. El ánimo no se centra en nuestros intereses y tampoco en las capacidades de la persona que lo recibe. Antes bien, se centra en el Señor y en la gracia de Dios que ves en su vida.

Como en todo, Cristo es nuestro ejemplo supremo de aliento.

Él es nuestro ejemplo para amar a quienes caminan de una manera diferente a la nuestra. Él es nuestro ejemplo para soportarnos los unos a los otros. Pablo escribe:

> Así que, los que somos fuertes debemos soportar las flaquezas de los débiles, y no agradarnos a nosotros mismos. Cada uno de nosotros agrade a su prójimo en lo que es bueno, para edificación. Porque ni aun Cristo se agradó a sí mismo; antes bien, como está escrito: Los vituperios de los que te vituperaban, cayeron sobre mí. Porque las cosas que se escribieron antes, para nuestra enseñanza se escribieron, a fin de que por la paciencia y la consolación de las Escrituras, tengamos esperanza. Pero el Dios de la paciencia y de la consolación os dé entre vosotros un mismo sentir según Cristo Jesús, para que unánimes, a una voz, glorifiquéis al Dios y Padre de nuestro Señor Jesucristo. Por tanto, recibíos los unos a los otros, como también Cristo nos recibió, para gloria de Dios (Romanos 15:1-7).

Me gusta mucho la manera en que una versión en inglés amplía el versículo 7: "Así pues, tanto los fuertes como los débiles son exhortados a aceptarse mutuamente porque han sido aceptados por Cristo aun cuando son pecadores. Esa aceptación mutua redundará en gran gloria para Dios".[2] Los "débiles" a los que se refiere Pablo son quienes sentían la necesidad de "guardar la ley" (ver Romanos 14). En nuestro caso, como mujeres modernas, creo que esto puede incluir a cualquier persona que piensa diferente a nosotras. Hay mucho más que puede y que debería decirse acerca de estos versículos; en realidad, nada más he mirado la superficie. No quiero apartarme del punto principal, a saber, que el temor a otras mujeres puede llevar a la envidia, a compararnos con otras y fallar en animarlas.

---

2. *ESV Study Bible*, ed. Wayne Grudem (Wheaton, IL: Crossway, 2008), comentario sobre Romanos 15:7.

Hermanas de sangre

Nunca he visto la miniserie de HBO *Hermanos de sangre* (en inglés, *Band of Brothers*). Sé que presenta a un grupo de hombres que combaten durante la Segunda Guerra Mundial. El título hace pensar en un escuadrón de hombres que están unidos como un solo frente y comparten el mismo sentir y objetivo, ganar la guerra. No son simplemente hombres en la guerra, sino hermanos en una misión común, unidos por su propósito común.

Ahora imagina que tuviéramos esta mentalidad respecto a la manera en que nos relacionamos con nuestras hermanas en Cristo. Imagina que nos uniéramos en una sola voz para proclamar que Cristo es suficiente y animarnos unas a otras con esas palabras: "¡Cristo es suficiente!". ¡Vaya! ¡Cuán poderoso sería eso! Quiero que sepas que Cristo es suficiente. Esos versículos y palabras tan conocidos acerca de gozarnos en el Señor no están en la Biblia para hacernos sentir mejor. Son la verdad.

Busquemos, pues, maneras de edificarnos y de animarnos mutuamente al amor. Aunque sabemos que nuestra carne y nuestro corazón pueden fallarnos, sabemos también que Dios es nuestra fortaleza y porción para siempre (Salmos 73:26). Echemos mano de esa fortaleza para guiar a otros a Él, el único que puede hacer permanecer firmes a nuestras hermanas (Romanos 4:4).

Podemos revestirnos de ánimo por lo que está escrito en Tito 3:3-7:

> Porque nosotros también éramos en otro tiempo insensatos, rebeldes, extraviados, esclavos de concupiscencias y deleites diversos, viviendo en malicia y envidia, aborrecibles, y aborreciéndonos unos a otros. Pero cuando se manifestó la bondad de Dios nuestro Salvador, y su amor para con los hombres, nos salvó, no por obras de justicia que nosotros hubiéramos hecho, sino por su misericordia, por el lavamiento de la regeneración y por la renovación en

el Espíritu Santo, el cual derramó en nosotros abundantemente por Jesucristo nuestro Salvador, para que justificados por su gracia, viniésemos a ser herederos conforme a la esperanza de la vida eterna.

Antes estábamos llenas de malicia, envidia y odio, ahora gracias a Jesús podemos resistir caer en esos pecados. La tentación persiste, pero por su bondad y misericordia, Jesús apareció y nos salvó, nos hizo de nuevo. Podemos combatir el pecado porque somos nuevas criaturas. Deseamos batallar contra el pecado porque somos suyas; de lo contrario buscaríamos la manera de justificar nuestros pensamientos y nuestra conducta. De Dios es la obra de hacernos de nuevo, lo cual incluye crear en nosotras un nuevo corazón que desea amar y hacer el bien al prójimo. Podemos descansar sabiendo que Él provee los medios para la batalla y la gracia para amar. Él nos ayudará a gozarnos con nuestras hermanas y a infundirles ánimo.

Capítulo 4

El temor a la tragedia

*E*l temor a la tragedia es mi mayor temor, de modo que este capítulo será profundamente personal. Es mi mayor temor, porque es algo que conozco y entiendo. He experimentado tragedias y aunque el Señor sigue enseñándome, todavía lucho con esta tentación a temer. He tenido cuatro abortos espontáneos y con cada embarazo he enfrentado nuevos y sorprendentes temores. Mi padre falleció a la edad temprana de cincuenta y dos años, y dejó cuatro hijas y una esposa con el corazón roto. Mi hermana mayor murió súbitamente de falla cardíaca a los cuarenta años. Todas fueron tragedias desoladoras. Nuestra historia personal determina en gran medida lo que tememos y cómo tememos. Sin embargo, aunque nunca hayamos tenido una experiencia trágica, todas las personas en cierta medida pueden batallar con el temor a la tragedia, ya sean pérdidas (muerte, posesiones, dinero) o de otra índole.

Gran parte de mi temor al futuro es realmente un temor a las tragedias *posibles*. Para mí se convierten en una especie de cronómetro. Cuando mi esposo no contesta mis llamadas en su regreso a casa desde el trabajo, para cuando él llega (como lo mencioné anteriormente) ya he planeado su funeral y todo, ya he cavilado acerca de cómo cuidar sola de dos niños pequeños. La idea de volver a quedar embarazada, aunque era una alegría, siempre me dejaba inquieta: *¿Sobrevivirá este bebé en mi vientre?* Y si experimentaba malestares durante un tiempo prolongado, batallaba con pensamientos acerca de mis hijos viviendo sin su mamá. Eso es temor. Temor pecaminoso. Es pecaminoso porque demuestra falta de fe y confianza en Dios. En esencia, como he mencionado, es una forma de incredulidad. Mi corazón quiere controlar porque, para ser franca, preferiría nunca tener que sufrir otra vez. Quiero ser como los creyentes que se encomiendan a Dios en cuanto a todo lo que puede suceder, sabiendo que las pruebas fortalecen su fe. Pero mi fe fluctúa en esta área. Esta clase de incredulidad, no creer que Dios es bueno y que obrará para mi bien sin importar lo que me suceda, me impide ver cuando soy tentada a temer lo trágico.

¿Alguna vez experimentas este temor que aprisiona, un temor casi paralizante? No conozco a nadie que no se haya asustado cuando las torres gemelas se desplomaron en un montón de escombros y ceniza en aquel fatídico día que llamamos 9/11. Las repercusiones de este suceso hicieron que muchas personas se volvieran temerosas de viajar en avión. Algunas dejaron de hacerlo por completo y prefirieron conducir su auto, lo cual desafortunadamente tampoco aumentó sus probabilidades estadísticas de supervivencia,[1] puesto que conducir es mucho más peligroso que viajar en avión. Aun así tememos volar y las tragedias como el 9/11 no ayudan a mitigar ese temor. Por fortuna, tenemos la Palabra de Dios que nos ayuda cuando estamos confundidas y cuando el mundo es aterrador.

---

1. Sharon Begley, "Afraid to Fly after 9/11, Some Took a Bigger Risk—In Cars", 23 de marzo de 2014, *Wall Street Journal*, http://online.wsj.com/news/articles/SB107999266401462105.

La historia de Rut

Cuando estamos en medio de una prueba, es fácil ser cortas de vista. Por lo general, nos enfocamos en resolver el problema o en abordar el trauma y no en el buen futuro que podría resultar de la prueba como, por ejemplo, cuando nos encontramos en el hospital. En esos momentos, como es comprensible, nos enfocamos en el cuándo, dónde y cómo de esa experiencia particular. El futuro, que no podemos ver, incluye la enfermera a quien pudimos comunicar el evangelio mientras esperábamos nuestra recuperación. Nuestra cortedad de vista no nos permitirá ver la gracia futura y nunca podemos saber realmente qué esperar, excepto que Dios es bueno. Este es nada más otro ejemplo de lo que puede suceder.

Cuando tememos a la tragedia que no ha ocurrido aún, a diferencia de los abortos espontáneos que sufrí, nos imponemos un estrés innecesario. Por eso, el Señor nos dice que no nos preocupemos por el día de mañana, porque al día de hoy le basta su propio mal (Mateo 6:34). Eso es muy cierto. Cada día se presenta muchas veces con diversas pruebas, pero cuando nos preocupamos por cosas que no han acontecido, creamos más problemas para nosotras mismas. Por eso es reconfortante escuchar las historias de otras personas. Sus historias pueden traer consuelo. Y en ocasiones es bueno recordar que no estamos solas. No estamos solas en nuestra lucha con el pecado y la tentación. Tal vez por eso la Palabra de Dios incluye tantos versículos acerca de cómo relacionarnos con otros. Necesitamos a los demás, especialmente en momentos de pruebas, al menos para oír acerca de la fidelidad de Dios. Cuando apenas comienza nuestra propia prueba, no somos capaces de ver el final, la gracia futura que siempre se desprende de una prueba. En cambio, cuando tenemos la opor-

> Cuando tememos a la tragedia que no ha ocurrido aún, nos imponemos un estrés innecesario.

tunidad de sentarnos con una amiga y oír cómo el Señor fue fiel en su prueba, se edifica nuestra fe.

Así me siento cuando leo el libro de Rut. Al principio, todo parece perdido y desolador para Rut y su familia. Hay una hambruna en Belén, la ciudad donde viven, por lo que parten y viajan hacia Moab. Estando allí, el esposo de Noemí, la suegra de Rut, fallece. Noemí queda viuda con sus dos hijos y nueras. Diez años después, los dos hijos de Noemí fallecen. Tal vez puedas identificarte con esta situación particular. No muchas personas experimentan ese grado de prueba, pero mi abuela sí. Su esposo falleció y luego sus dos hijos en la cincuentena fallecieron a pocos años de diferencia. En ese tiempo, mi abuela vivió una prueba casi idéntica a la de Noemí: Enviudó y quedó sola con dos nueras.

En ocasiones podemos distanciarnos de estas historias bíblicas. Parecen extremas: una mujer anciana como Sara que tiene un bebé, un hombre como Job que pierde todo lo que tiene y a su familia entera, con lo que desaparece su descendencia, etc. Este tipo de situaciones, en efecto, suceden en el presente, como en el caso de mi abuela. En realidad, nada hay nuevo bajo el sol. ¿De qué nos aprovecha saber esto cuando enfrentamos el temor?

Noemí dio por hecho que se quedaría sola. Me imagino que batalló con el temor, al igual que muchas mujeres. ¿Qué iba a hacer sola? ¿A dónde iría? Ella instó a sus nueras a que la dejaran y regresaran a la casa de sus madres (Rut 1:8). Una obedeció el ruego de Noemí, pero Rut se aferró a ella y rehusó dejarla (Rut 1:14). Sabemos que, al final, lo que parecía una serie trágica de sucesos sin futuro tenía un gran propósito. El Señor tenía un plan para redimir la situación y, en última instancia, el mundo entero. Rut conoció a Booz y se casó con él, y tuvo un hijo llamado Obed. Obed fue el abuelo del rey David y allí empezamos a ver el linaje de nuestro Salvador Jesús (Rut 4:13-22).

Noemí y Rut no vieron el final antes del principio. Dios fue fiel y bondadoso con estas mujeres. Él llevó a cabo sus grandes propósitos para sus vidas. Aunque no hay garantía de que no experimentaremos una prueba similar (recuerda a mi abuela), podemos descansar en saber que, si ocurre una tragedia o cuando ocurre, no debemos temer. Estamos en las manos de un Dios poderoso que es capaz de hacer más de lo que podemos imaginar o soñar. Dios está por nosotras, no contra nosotras (Romanos 8:31) y en los capítulos siguientes aprenderemos acerca de la bondad de Dios en su soberanía. El punto es que nuestro temor a la tragedia puede originarse en un temor a sufrir y a perder el control. La buena noticia es que tenemos un Dios que tiene todo bajo control y sabe lo que más nos conviene. Él promete el bien, no la ausencia de pruebas, sino el bien supremo. No debemos preocuparnos por sucesos trágicos futuros. La historia de Rut nos ayuda a recordar esto: si caemos en la tentación de temer, Dios es bueno.

> Estamos en las manos de un Dios poderoso que es capaz de hacer más de lo que podemos imaginar o soñar.

Más adelante veremos cómo reaccionar cuando suceden cosas malas... porque suceden. Podemos garantizar que vas a perder a alguien a quien amas profundamente; tal vez sea ese tu temor. Sin embargo, no tenemos que andar desconfiadas esperando que Dios haga descender calamidades sobre nuestra vida. Ese no es el carácter de nuestro Dios y Él no quiere que vivamos de esa manera. En lugar de eso, podemos decir y proclamar junto con David: "Mis ojos están siempre hacia Jehová, porque él sacará mis pies de la red" (Salmos 25:15). Podemos confiar que Dios es por nosotras y está con nosotras. Esta es la lección que estoy aprendiendo.

Entiendo que mi tentación, como puede ser para muchas de ustedes, es tratar de aferrarme a lo que más valoro en la vida. Mi esposo y mis hijos son lo más precioso en mi vida y, por ende, temo perderlos. Eso tiene sentido. Nadie quiere sufrir el dolor de la pérdida del cónyuge o un hijo. Conviene y glorifica a Dios que amemos a nuestra familia y la familia como tal. El Señor mismo es quien nos manda amar a nuestro prójimo como a nosotras mismas. Sin embargo, tengo que ser consciente de que esa desesperación que a menudo siento puede ser una señal que revela un ídolo en mi vida. Tal vez mi temor a perderlos que produce una ansiedad innecesaria es porque los quiero *demasiado*. Ellos son mis pequeños dioses. La idolatría es algo que hay que tener en cuenta en nuestras luchas con el temor.

Confiarle al Señor mi futuro y el futuro de mi esposo y de mis hijos es uno de los ejercicios más difíciles de mi fe. Nadie desea que su familia sufra. El Señor me enseña a recordar las historias de su fidelidad en la vida de otras personas como Rut y en mi propia vida. Y como veremos en los últimos capítulos, yo combato el temor recordando la sabiduría y el carácter de Dios. Dios es bueno, lleno de gracia y de amor, y también es soberano. *Podemos* confiar en Él. Mis temores se disipan cuando recuerdo lanzarme en sus brazos que todo lo pueden.

Los viajes de trabajo de mi esposo se han vuelto un poco *más* fáciles (pero no del todo) para mí. El cambio más notorio ha sido una sensación de paz en lugar de ansiedad cuando él se va. Cuando sale por la puerta, ya no tengo cara de pánico. Puedo despedirlo en una actitud de fe, besarlo en los labios y sonreír con calma. Lo mismo es cierto con mis hijos. Ya pronto saldrán a vivir sus propias aventuras. Puedo sentir que mi afán por retenerlos disminuye y mi confianza en el Señor se fortalece. Veo el futuro de mis hijos como deben ser: completamente inciertos, pero en las manos de mi Padre.

Un temor legítimo

Hasta ahora hemos examinado nuestras tendencias pecaminosas cuando tememos a la tragedia. Queremos protegernos de estos temores siempre que sea posible. Simplemente, son perjudiciales para nosotras. Vivir libres del control y la tiranía del temor es lo ideal. Sin embargo, vivimos en un mundo caído y malvado. No queremos andar por ahí con sospechas de todo y temerosas de todos. No obstante, hay ocasiones en las que el temor está garantizado e incluso puede ser un medio de protección. No todos los temores tienen un origen pecaminoso. A veces debemos tener mucha precaución y estar muy atentas a nuestro entorno. También hay momentos en los que la inocencia y la confianza inquebrantable se interponen en una evaluación objetiva. Tuve la desafortunada experiencia de aprender a las malas que debo estar más atenta a mi entorno, aun cuando no pareciera existir algún peligro cercano.

En la universidad, fui agredida sexualmente. No fui violada, pero un extraño me atacó. Estaba con un grupo de amigos en un viaje. Éramos jóvenes tradicionales y muchos eran cristianos también. Aunque teníamos nuestras propias habitaciones de hotel, terminamos reunidos y durmiendo en una sola habitación (hombres y mujeres). Las jóvenes durmieron en las camas y los hombres en el piso. Un hombre mayor que hacía parte del viaje, pero se hospedaba en otra habitación, entró para visitar. Pensamos que estaba bien (éramos ingenuos y jóvenes). Para no entrar en detalles, estuvo mal. Durante la noche, él me hizo algo inapropiado que me sorprendió y despertó. Por fortuna, estaba en una habitación con muchas personas. Otros se despertaron y lo confrontaron de inmediato. Ese hombre fue expulsado de la universidad y fue a la cárcel. Durante la audiencia, en la corte me enteré de que tenía una esposa y que había acosado sexualmente a sus hijos. Horrible.

Antes de ese incidente, yo nunca había pensado en la necesidad de ser precavida. No pensé que un temor saludable fuera necesario. Ser precavida en ciertas situaciones es sabio y deseable, pero a mí pareció innecesario en ese caso. Permíteme aclarar que lo sucedido no fue culpa *mía*. No siento culpa alguna por lo que pasó. Nadie que es víctima en ese tipo de circunstancias debería sentirse responsable. Aun así, desearía haber tenido un temor saludable en esa ocasión, una actitud precavida. Tal vez si hubiera tenido más discernimiento, habría regresado a mi propia habitación en vez de pasar la noche en una habitación llena de "buenos" chicos, donde la tentación podía ser tan evidente. Aunque no fui responsable de lo sucedido, fui ingenua, y eso trajo consecuencias. Lo cierto es que es difícil escribir acerca de agresiones sexuales. En primer lugar, existe la posibilidad de convertirse en una víctima perpetua. Por otro lado, existe la vergüenza real de haber sido vulnerado por otro ser humano. Con todo, es un problema generalizado y es importante tratarlo. Aquella situación en la que me encontré y que parecía inocente se volvió rápidamente un acto criminal y doloroso. Y no fue mi culpa.

Yo era joven e inmadura (tenía dieciocho años) y terminé en una corte testificando para condenar a un abusador sexual. Las secuelas para mí no fueron nada comparadas con lo que imagino tuvo que sufrir su familia. Batallé con temor a la noche y no pude confiar en los hombres durante un año completo. Dios hizo una obra de gracia en mi corazón para que perdonara al culpable, orara por su familia y empezara a confiar en Dios para mi seguridad y protección.

Si Dios tuvo que ayudarme a aprender a confiar en Él otra vez, ¿por qué incluyo esta historia bajo el subtítulo de "Un temor legítimo"? No es legítimo permitir que el temor te lleve cautiva y controle tus pensamientos acerca del carácter de Dios. Es legítimo sopesar las situaciones y, por ende, actuar con cautela.

No dudo que una víctima de abuso sexual podría estar leyendo estas palabras ahora mismo. Hay alguien, una hermana o un hermano en Cristo que, al igual que yo, lucha con temor o ansiedad. Y muchos batallan solos. Nadie más lo sabe.

Si eres una víctima, la sangre de Cristo te limpia de toda

vergüenza. Las víctimas de abuso que tienen una sensación de suciedad pueden experimentar el verdadero poder de saber que delante del Señor son blancos como la nieve (Isaías 1:18). Adoramos al Dios que se acerca al que sufre y que acoge al quebrantado de corazón. No hay mejores noticias para un hermano o hermana sufriente que las buenas nuevas de Jesucristo, que anduvo en esta tierra, vivió una vida perfecta, colgó en una cruz, soportó en su espalda el peso completo de la vergüenza, el pecado y la ira, y derrotó a la muerte con su resurrección. Jesús está ahora mismo sentado en el trono a la diestra del Padre. Está intercediendo por ti y por mí (Romanos 8:34). Simplemente, no puedo proseguir sin antes contar las buenas noticias a quienes se identifican con lo que he descrito en esta sección. Son las mejores noticias que escucharás jamás.

> Adoramos al Dios que se acerca al que sufre y que acoge al quebrantado de corazón.

Aunque un temor saludable parece más aplicable a esa clase de situación, sin duda existen otras en las que el temor es legítimo. Piensa en Jesús cuando avanzaba hacia su crucifixión. Él sabía que iba a padecer la muerte de un criminal y el peor castigo posible, que es la separación de su Padre y la ira divina por causa de unos pecadores que no lo merecían. Mientras oraba en el monte de los Olivos, Jesús rogó al Padre que encontrara otro camino y en agonía empezó a sudar gotas como sangre (Lucas 22:42-44).[2] Justin Taylor y Andreas J. Köstenberger amplían el relato en *The Final Days of Jesus* [Los últimos días de Jesús]:

---

2. "Aunque la palabra 'como' puede indicar que debe entenderse metafóricamente, existen relatos tanto antiguos como modernos que registran casos de personas que sudan sangre, una condición denominada hematidrosis, en la que una angustia o un estrés físico extremos hacen que los vasos capilares se dilaten y estallen, entremezclando sudor y sangre". *ESV Study Bible*, ed. Wayne Grudem (Wheaton, IL: Crossway, 2008), comentario acerca de Lucas 22:44.

Es tarde por la noche. Al entrar en el huerto, Jesús manda a sus discípulos que se sienten en un lugar señalado mientras Él avanza con sus discípulos más cercanos: Pedro, Santiago y Juan. Ya ha culminado el tiempo de enseñanza e instrucción y Jesús está lleno de pesadumbre y angustia frente a los sucesos que le esperan. Comparte su angustia con sus amigos humanos más cercanos: "Mi alma está muy triste, hasta la muerte; quedaos aquí, y velad conmigo" (Mateo 26:38). La divinidad de Jesús no eclipsó su humanidad (ver Juan 11:35) y siente la fuerte necesidad de apoyo humano y de compañía durante sus últimas horas. No es una señal de debilidad desear la compañía y el apoyo de cara a la muerte maligna.

Alejándose un poco más ("a distancia como a un tiro de piedra" según Lucas 22:41), Jesús se dedica a orar con gran fervor, clamando a su Padre e implorándole que encuentre otro camino, si existía otra manera, pero sometiéndose absolutamente a la voluntad de Dios: "Abba, Padre, todas las cosas son posibles para ti; aparta de mí esta copa; mas no lo que yo quiero, sino lo que tú" (Marcos 14:36). Jesús sabe que está a punto de llevar el juicio de Dios por el pecado como un sacrificio expiatorio por los pecados del mundo. "Copa" era una metáfora común para referirse a la justa ira de Dios derramada sobre los pecadores. Jesús está a punto de beber esa "copa" en lugar de otros; Él es el único que podía hacerlo.[3]

Jesús no estaba dichoso y saltando de felicidad cuando se encontraba frente al momento más oscuro de su corta vida. Estaba legítimamente apesadumbrado. Él sabía que lo que estaba a punto de padecer era algo atroz. Sí, valía la pena, y Él sabía que en breve estaría con su Padre, pero durante esos momentos en el huerto vemos un atisbo de la humanidad de Jesús. Estaba emocionalmente agotado, estaba en agonía. Jesús no pecó en medio

---

3. Andreas J. Köstenberger y Justin Taylor, *The Final Days of Jesus: The Most Important Week of the Most Important Person Who Ever Lived* (Wheaton, IL: Crossway, 2014), 93.

de su angustia y pesadumbre; la realidad de padecer sufrimiento produjo en Él una emoción natural.

Hay ocasiones en las que podemos experimentar una emoción similar. No, no se compara con lo que Jesús debió experimentar, porque quienes hemos confiado en Él para nuestra salvación sabemos que después de morir no vamos a enfrentar la ira divina. Aun así, el aguijón de la muerte es real. Imagino que la expectativa de un accidente aéreo o saber que estás a punto de estrellarte en el auto produce una angustia similar. Al ser conocedoras de la gracia futura que vamos a experimentar, tal vez no temamos la muerte de manera pecaminosa, pero eso no elimina la emoción inmediata que suscita el hecho de enfrentarla.

Dicho esto, hay ocasiones en las cuales es necesario ejercitar un temor saludable. Queremos ser conscientes de nuestro entorno y ser precavidas. Queremos confiar en el Señor, aunque hacerlo no justifica ser temerarias ni insensatas. Así que decirle a tu hija que no hable con extraños no es inspirarle temor al hombre, sino enseñarle la debida cautela y sabiduría. Pedirle a un amigo de confianza que te acompañe hasta tu auto no es ser tonta, es ser lista. Yo batallo, como muchas otras mujeres, creyendo y confiando en Dios, que es mi Padre. Él es el único que conoce el principio y el final. Él es el único Alfa y Omega. Puedo confiar en Él.

"Mas yo en tu misericordia he confiado; mi corazón se alegrará en tu salvación. Cantaré a Jehová, porque me ha hecho bien" (Salmos 13:5-6).

Capítulo 5

El temor a no dar la talla

*S*alté como si me acabara de picar una abeja. Salté de la cama, desorientada y aturdida por la falta de sueño de la noche anterior. Los hijos logran eso. De algún modo, logran hacer desaparecer las horas de la noche que están dedicadas al sueño. Iba tarde. Me quedaba una hora para alimentar a mis hijos pequeños, llevar a mi hijo a la escuela y prepararme para una videoconferencia. (¿Por qué la gente siente la necesidad de reunirse "en persona"? Las videoconferencias con un niño pequeño pueden ser muy graciosas en el mejor de los casos, y completamente desastrosas en el peor. Pero me desvío del tema). Salí de la cama, fui a despertar a mi hijo, con la esperanza de que tuviéramos unas tartas glaseadas para su desayuno; organicé un "almuerzo" (algunas galletas, una barra de queso y una naranja); cargué a su hermanita y salí por la puerta. ¡Lo habíamos logrado! Todos estaban vivos. Sin embargo, en mi espíritu me sentía mal. Me sentía un fracaso.

No me había propuesto levantarme tarde. No estaba siendo perezosa ni negligente. ¿Qué habría sucedido si me hubiera levantado con suficiente tiempo para leer la Palabra y orar, despertar a mi hijo tranquilamente en lugar de hacerlo con un afán loco, empacar una merienda que incluyera todos los grupos de alimentos básicos, vestirme sin ponerme alguna prenda al revés, preparar un desayuno que no saliera de una caja de cartón y regresar a casa a tiempo para una reunión relajada? ¿Me habría sentido mejor conmigo misma? ¡Apuesto que sí! Habría sentido que mi mañana había sido hermosa y tranquila. También *me* habría atribuido todo el éxito.

Sin embargo, esa mañana fue diferente. Me desperté y me di cuenta de que mi capa roja de superhéroe había desaparecido. Pensé: *¿Quién me la quitó? Espera, ¡alguien se llevó también mis poderes para hacer todo lo que me he propuesto en un solo día!* Es una pena, pero no soy la mujer maravilla. Tampoco tú. Lo sabemos. Sabemos que somos limitadas. Sabemos que solo podemos hacer cierta cantidad de cosas cada día y aun así nos esforzamos y presionamos a nosotras mismas para hacer más. ¿Por qué? Creo que tememos a no dar la talla. Hay demasiadas reglas que tratamos de acatar. Estas reglas incluyen alcanzar la medida de nuestros propios estándares, estándares invisibles, estándares del mundo, estándares de logros en la iglesia, estándares de nuestro cónyuge, estándares de nuestros hijos, y la lista sigue.

En este capítulo, voy a ahondar en algunas formas en las que tememos estar fallando por completo o no dando la talla. Aunque no es una lista exhaustiva, incluye mis experiencias y las de otras mujeres. Cumplir con todo no es la única presión que experimenta una mujer, pero es la primera que voy a tratar.

Cumplir con todo

Imagino que quizás te identificas con mi anécdota de la mañana atareada. No sé qué pasa con nuestros horarios, pero con qué facilidad se salen de nuestras manos. Nos gobiernan el calendario de Google, los relojes con alarmas, los planificadores, los correos electrónicos y las listas de tareas. Es un ciclo incesante de carreras de un lado a otro, de reunión tras reunión, corre, corre, corre. Y si no te identificas con reuniones y fechas límites, tal vez tu lista incluye: cambio de pañal, limpiar el piso, recogida de la escuela, llevarlos a clase de *ballet* y asistir a otro partido de béisbol. La lista puede seguir al infinito. Estas tareas son todas buenas. Nada acerca de las actividades, y definitivamente nada acerca de las personas involucradas, supone algo malo. De hecho, son regalos de Dios. Los hijos son un regalo del Señor. Sin embargo, cuando permitimos que estas cosas nos gobiernen y luego reaccionamos de manera pecaminosa en ansiedad, culpa, temor o queja, debemos evaluar la fuente del pecado y, probablemente, hacer un examen minucioso de nuestros horarios.

Sabemos que solo tenemos veinticuatro horas disponibles en un día para trabajar, dormir, comer y jugar. Y para una mamá, esas horas disponibles deben alcanzar también para enseñar, exhortar, nutrir y jugar con sus hijos. Dios es el único que no está limitado por el tiempo. Él es eterno y existe por sí mismo, no necesita descanso ni comida. A diferencia de Él, nosotras somos limitadas. Podemos enfermarnos, perder nuestra energía y cansarnos fácilmente.

Así que, en lugar de aceptar nuestra debilidad y sabiamente descansar o decir no, tratamos de empacar en una sola jornada lo máximo posible. Tal vez eres consciente de tus limitaciones, pero estás agobiada por la culpa. Puede que te sientas culpable porque no logras encontrar la energía para correr por la casa con tus hijos activos e inquietos. Puede que te sientas culpable porque tus hijos tienen que mirar otro programa del canal de televisión educativo para tú poder terminar un proyecto o ir a trabajar. Puede que te sientas culpable porque tienes que decir no a algo que realmente deseas hacer. Hay una serie de presiones que enfrentas y, aparte de la ansiedad, un elemento que se ignora a menudo es la tentación de sentirte culpable cuando temes que no vas a lograr hacerlo todo. (Más adelante te contaré por qué ya no doy lugar a la culpa cuando no puedo hacerlo todo).

Una lección de los pequeños

Cuando mis hijos eran pequeños, me preguntaba si era yo quien enseñaba a mis hijos o ellos a mí. ¡Ahora sé que mis hijos me enseñan muchas veces! Claro, yo les enseño los caminos del Señor. Les enseño a obedecer y a sujetarse. Les enseño con oración a amar a su prójimo. Y lo más importante, trato de demostrar mi propio amor por Dios y mi dependencia de Él. Sin embargo, con frecuencia es gracias a ellos que yo recuerdo varias promesas de las Escrituras o ciertas virtudes. Recuerdo una temporada cuando el Señor, en su bondad, me enseñaba paciencia y quietud, lo opuesto al afán y la prisa que a veces me atrapan.

Mis hijos nunca están de afán, nunca. Yo, en cambio, acostumbro a operar en un estado acelerado. Aun así, gracias a mis hijos, he aprendido a desacelerar, a disfrutar el momento presente y saborear el aquí y el ahora. En una ocasión, cuando recogía a mi hijo de la escuela, vi claramente mi deseo de apresurarme en contraste con la disposición de mi hijo a disfrutar y explorar la vida. Mientras salíamos de la escuela, con mi hijo de mi mano a un lado con su mochila y mi hija al otro, vieron un caracol.

Mis hijos estaban eufóricos y fascinados. Querían observarlo y tomarlo en su mano. En realidad, estaban maravillados frente a la criatura, esa pequeña criatura de Dios. De modo que yo también me detuve. Mi primer pensamiento fue que tenía que apresurarme para que pudiéramos llegar a casa, pero me contuve. Dejé que observaran el caracol tanto como quisieron hacerlo. Al cabo de diez minutos, estaban satisfechos, de modo que seguimos. Fue muy divertido mirarlos. Los niños contaron con toda mi atención y todos admiramos juntos la belleza de la creación de Dios. Momentos como estos pasan ¡y rápido! Los niños crecen rápido y, como nos sucede también a nosotras, el asombro que ellos experimentan ante las cosas cotidianas también se desvanecerá. Me hizo bien detenerme y disfrutar uno de esos días fugaces y recordar al Señor con mis hijos.

Entonces, ¿por qué la prisa?

Prisa, prisa, prisa para nada

Cuando me detengo a pensar en ello, rara vez tengo algo de gran importancia por lo cual afanarme. Sin embargo, todo pareciera urgente siempre. Quizás es el día y la era en que vivimos. La era de las noticias instantáneas, de los correos instantáneos, de las conexiones instantáneas, la era de la Internet. Podría atribuirlo a eso, y creo que es justo decir que esta era no ayuda con mi lucha, pero en realidad es nada más mi corazón.

Creo que lo que tengo que hacer es mucho más importante de lo que realmente es. Soy un mini dios en esos momentos. Mi tiempo es de gran valor, aun cuando no tengo nada para hacer. Los afanes y las prisas producen ansiedad, irritabilidad e impaciencia en mi corazón.

En el libro de Kevin DeYoung, *Súper ocupados*, él describe los diferentes peligros del exceso de ocupación. Un peligro acerca del cual escribió y que me llevó a detenerme es que el exceso de ocupación puede robarnos el gozo. En lugar de disfrutar los maravillosos regalos de los hijos, de una casa, de un esposo e incluso de la salud, ando por todos lados tratando de cuidar de todos, tratando de dar la talla conforme a alguna medida imaginaria. DeYoung señala: "Como cristianos, nuestra vida debería estar marcada por el gozo (Filipenses 4:4), saber a gozo (Gálatas 5:22) y estar llena de la plenitud del gozo (Juan 15:11). La actividad excesiva ataca todo esto... Cuando nuestra vida es frenética y enloquecida, tendemos más a sentir ansiedad, resentimiento, impaciencia e irritabilidad".[1]

---

1. Kevin DeYoung, *Súper ocupados: Un libro (misericordiosamente) pequeño sobre un problema (sumamente) grande* (Grand Rapids, MI: Portavoz, 2015), 27.

Vaya si entiendo esto. Cuando estoy ocupada, sobrecargada o no reconozco mis limitaciones, puedo volverme una persona sin gozo. ¿Alguna vez has respondido mal a tus hijos no porque se portaron mal, sino solo porque estabas tratando de preparar la cena y contestar un correo electrónico que parecía tan importante, todo al mismo tiempo? Yo lo he hecho. El niño no había hecho nada malo, pero yo estaba tratando de hacer demasiadas cosas a la vez, perdí la paciencia y me puse irritable, y permití que mi lengua y el pecado me dominaran. Perdí mi gozo y lastimé a mi hijo, y sentí remordimiento, solo por un correo electrónico. No valía la pena.

Quiero despojarme de esas cosas y la buena noticia es que *puedo*.

Cambiar la prisa por la paz

Estoy aprendiendo a liberarme de una vida egoísta, egocéntrica y apurada, porque Cristo me ha hecho libre (Gálatas 5:1). Incluso en situaciones en las que me cuesta desacelerarme, como mirar a mis hijos examinando un caracol, estoy aprendiendo a andar en el Espíritu y no conforme a los deseos de mi carne. Déjame decirte que el Espíritu es mucho más agradable. En el sencillo acto de detenerme por mis hijos, me vestí de amor, gozo, paciencia, benignidad, mansedumbre, bondad, fe y templanza (Gálatas 5:22-23). ¡Estoy muy agradecida porque Dios me enseña y me muestra mi pecado para yo poder cambiar! A medida que aprendo a desacelerarme, también estoy aprendiendo a disfrutar lo que vivo. Solo Dios puede ayudarme a desechar la tentación de afanarme y Él ha sido fiel en hacerlo.

Como resultado de desacelerarme y despojarme de mi vieja naturaleza, se está produciendo paz en mi vida. Dios me está dando paz en mi corazón en medio de mis supuestas obligaciones, paz mientras espero y paz para disfrutar de los amigos y la familia.

Si temes no dar la talla porque tienes demasiadas obligaciones y simplemente no puedes hacerlo todo, y eso te deja exhausta y con sentimientos de culpa, una de las mejores noticias que tú y yo podemos recibir es que, en realidad, *no podemos* hacerlo todo. El problema con la culpa es que nos condena y nos deja fatigadas y sin esperanza. La culpa dice que la obra consumada en la cruz no fue suficiente, por lo que tenemos que llevar nuestra carga solas. En muchos sentidos, la culpa es una orientación hacia el yo y nuestras limitaciones. No es un crimen estar cansada, sino un recordatorio de nuestra necesidad de Dios. Es un recordatorio de nuestra necesidad de un Salvador. La culpa produce aflicción y pesadumbre y, al final, muerte espiritual. No tienes que sentirte culpable por necesitar descanso. Simplemente tienes que hacerlo, descansar. No tienes que sentirte culpable por decir no. Debes saber que hacerlo no significa fracaso.

> No es un crimen estar cansada, sino un recordatorio de nuestra necesidad de Dios.

Hice una pequeña investigación en la Internet con la frase "el fracaso no es una opción" y descubrí que se han escrito libros para ayudarnos a abrazar este concepto. No tenemos que fracasar. Queremos hacer todas las cosas y hacerlas todas bien. Creo que esto es lo que nos atormenta. No es que temamos decepcionar a las personas a nuestro alrededor; en última instancia, no queremos decepcionarnos a nosotras mismas. No queremos fracasar.

Queremos ser la mejor amiga, la mejor vecina, la mejor compañera de habitación, la mejor esposa, la mejor madre, etc. Hay un elemento de ese deseo de no fracasar que puede glorificar a Dios. La Palabra de Dios nos dice que ya sea que comamos

o bebamos, todo lo que hacemos lo hagamos para su gloria
(1 Corintios 10:31). Eso significa que queremos glorificar a Dios
en todas nuestras relaciones: con amigos, familia, compañeros y
vecinos. Sin embargo, al igual que Pablo, a pesar de que deseamos
hacer el bien, el mal está en nosotras (Romanos 7:21). El mal en
este caso es el pecado, y el pecado con el que luchamos cuando
deseamos no fracasar por nuestro propio bien puede ser orgullo. Tal vez una manera de combatir nuestro orgullo y aceptar
nuestra debilidad para poder descansar en Cristo es evaluar el
cimiento sobre el cual nos hemos fundado.

Fundarnos en una base sólida

¿Qué sucede si estás atravesando una temporada en la que el
descanso es un verdadero lujo? Te entiendo. Para una madre de
niños pequeños, por ejemplo, el descanso es esquivo. Mi situación ha mejorado porque mis hijos ya son un poco más grandes y
duermen en ciclos estables. Sin embargo, recuerdo aquellos días
de locura en los que me despertaba cada tres horas para alimentar
a un bebé, solo para despertarme a mi hora "normal" y atender
las necesidades del otro niño pequeño. Es difícil decirle a un
bebé que espere mientras tú descansas. No es posible. Debemos
reconocer que hay temporadas como estas y aferrarnos a Cristo.
Dios se deleita en animarte, incluso en esos momentos en los que
te ves confrontada con tu debilidad.

Quiero preguntarte, querida amiga cansada: ¿Sobre qué base
fundas tu vida? Muchos domingos yo proclamo a viva voz: "Cristo
es la Roca eterna. No hay otra base en que confiar". Es el principio del coro de un hermoso himno que ha sido escrito y reescrito,
pero cuyo mensaje central permanece: solo en Cristo podemos
poner nuestra esperanza; todo lo demás falla. En mi caso, muchas
veces doy por hecho que solo hasta que las cosas empiezan a tambalear, me doy cuenta de que tengo una base equivocada. Solo

cuando termino agotada de tanto intentar ser y hacer cosas, me doy cuenta de que no he descansado en Él.

Las siguientes son algunas bases en las que podríamos estar fundamentando nuestra vida.

La base del yo. Cuando me canso de hacer el bien, descubro con frecuencia que he estado operando en mis propias fuerzas. Dios en su bondad nos exhorta a descansar en Él. Yo soy débil y cuando me doy cuenta de mi debilidad, en lugar de esforzarme más en actitud de orgullo, Dios me da su gracia. Su gracia es suficiente para mí (2 Corintios 12:9-10). Eso significa que cuando no logro hacer todo en un día, no tengo que sentirme culpable. No tengo que armarme de más fuerzas, sino descansar. Y cuando siento que Él me impulsa a descansar físicamente, debo hacerlo y abrazar mi debilidad y mi dependencia de Él.

La base de los demás. Cuando me siento desanimada por cuenta de mis muchas ocupaciones en la vida, con frecuencia descubro que he estado afanada por complacer a otros. A primera vista, podría ser fácil culpar a la persona que necesita nuestra atención. Sin embargo, nunca estamos llamadas a ser gobernadas por otros. Estamos llamadas a servir a otros, pero nunca a ser gobernadas por otros. Por supuesto, debemos someternos a las autoridades debidas. A lo que me refiero es a tratar de agradar a otros en un sentido pecaminoso. Y no podemos culpar a otros cuando eso sucede. A ellos no les corresponde llevar esa carga. En lugar de eso, podemos pedir a Dios sabiduría para determinar cuándo decir "no". Yo me inclino a dar gusto a todo el mundo y sé lo difícil que es. Sin embargo, decir "no" será a la larga provechoso para ti y para las otras personas. La estabilidad de mis pies y de mi fe nunca deben descansar en otras personas.

La base de las circunstancias. Cuando todo va bien en el mundo, mi corazón y mi carne no desfallecen. Como en el ejemplo de hacerlo todo, cuando siento que he logrado todo lo que me había propuesto, me siento feliz como un pájaro que vuela alto. Pero cuando las circunstancias se complican, mis cimientos se sacuden. Me siento tentada a desesperarme. Y aunque conozco la verdad de la soberanía de Dios y su bondad, simplemente elijo, en ocasiones, desconocerlo.

El problema con estas medidas y con esta base es que si completamos nuestras tareas o llevamos a cabo lo que nos propusimos, terminamos sintiéndonos satisfechas y complacidas con nosotras mismas. En cambio, si no completamos nuestras tareas ni cumplimos con lo que nos propusimos, sentimos solo condenación y culpa. El peligro viene cuando convertimos estos criterios terrenales en los criterios de Dios para nosotras. En realidad, las normativas de Dios son mucho más grandes que las nuestras y mucho más difíciles de alcanzar. El temor a no dar la talla puede, en realidad, ser el temor al fracaso, lo cual puede basarse en hipocresía y orgullo. Y ninguna de nosotras es inmune a ello.

Aun así...

Cuando nuestro corazón nos falla, Dios sigue siendo nuestra fortaleza; Él nos enseña y es paciente (Salmos 73:26). Dios elige a la vasija débil y resquebrajada para avergonzar a los fuertes (1 Corintios 1:27). Cuando soy débil, entonces soy fuerte (2 Corintios 12:10).

Estos pasajes fortalecen mi fe porque sé que Dios está conmigo en medio de mis debilidades, aunque eso no soluciona mi problema personal de la base en la que yo elijo fundarme. Mis pies deben permanecer firmes y seguros en la esperanza que tengo en el evangelio. Mi esperanza se basa únicamente en la sangre y la justicia de Jesús. De lo contrario, sigo luchando, sigo poniendo expectativas malsanas y desproporcionadas en otros y en mí misma, y sigo depositando mi esperanza en mis circunstancias.

Jesús me recuerda que nunca podré hacer lo suficiente ni ser lo suficiente, sino que ya soy suficiente gracias a Él, porque Él es suficiente. Jesús me recuerda que todos hemos pecado y estamos destituidos de la gloria de Dios, de modo que puedo ser bondadosa con quienes exigen mi tiempo y mi atención, y Él me facultará para servirlos en amor. Jesús me recuerda que tengo una gran herencia, de modo que, aunque la base (o mi alma) se hunda, Él sigue siendo mi esperanza segura. Como proclama el himno: "Mi esperanza firme está en Cristo mi justicia y paz... Cristo es la Roca eterna, no hay otra base en que confiar". Le digo a mi alma: *¡Por favor, recuerda: no hay otra base en que confiar!*

Él da la talla

Puede ser difícil y a la vez liberador saber que tú y yo no damos la talla, y que nuestro afán temeroso por dar la talla es inútil. Si no fuera así, sería una tristeza. No habría esperanza. No habría buenas nuevas. Solo podríamos decir: "Es así y ya". Por fortuna, nuestra realidad es mucho mejor. Nosotras no damos la talla, pero Jesús sí. La buena noticia es que Jesús murió y cumplió la ley que era requerida de nuestra parte. El dulce remedio para nuestro temor al fracaso es el evangelio, que nos recuerda nuestras limitaciones y debilidad, y nuestra necesidad de un Salvador. Jesús es todo lo que tú y yo jamás podemos ser en esta tierra: Perfecto. Todas nuestras debilidades fueron puestas sobre Él y Él pagó por ellas en la cruz. La debilidad a la que me refiero es nuestro orgullo de pensar que podemos hacerlo todo. Jesús pagó por ese orgullo. Podemos depositarlo a sus pies. Eso no significa que dejemos de intentar cumplir con nuestras tareas; significa que dejamos de tratar de medirnos a nosotras mismas conforme a nuestra productividad. ¡Qué alivio! Todas nuestras imperfecciones son perfectas a los ojos de Dios por causa de Jesús.

> Todas nuestras debilidades fueron puestas sobre Él y Él pagó por ellas en la cruz.

¿Crees esto? Nunca vas a vencer el temor a no dar la talla hasta que abraces la obra consumada de Jesús en la cruz. No podrás caminar con fe y confianza en Jesús a menos que entiendas que Él es tu Rey resucitado y que está intercediendo por ti ahora mismo. Él está a favor tuyo. No hay mejores noticias que estas. Tú no das la talla, pero Él sí.

Capítulo 6

El temor a la apariencia física

$\mathcal{S}$i eres una mujer que ha tenido un hijo, ¿te has dado cuenta de que algunas cosas en tu cuerpo han cambiado? Lo que antes era firme ahora puede ser un poco blando; para algunas, hay marcas que recuerdan para siempre los nueve meses que fueron portadoras de una vida humana. Y sin importar lo que digan por ahí: tus caderas nunca vuelven a su lugar. Aun si no has tenido la dicha de estar embarazada, no tienes que esperar mucho para ser bombardeada por lo que el mundo considera el ideal de la imagen corporal. Incluso hay páginas web dedicadas a cómo obtener la forma corporal ideal. Hay medidas faciales para lo que se considera hermoso. Aparte de eso, tenemos nuestros propios deseos pecaminosos por alcanzar esas medidas que no son realistas y definitivamente son mundanas. Si no las alcanzamos, no damos la talla. Y eso nos vuelve temerosas y afanosas de alcanzar dicha belleza.

Permíteme decirte que lo he visto todo y he experimentado mucho de esto también. Durante ocho años, trabajé en la industria del entrenamiento físico. Cada mes de enero, las instalaciones del gimnasio recibían multitudes de nuevos miembros y nuevos participantes en las clases de ejercicios (donde me encontrabas enseñando algunas). He visto a la persona obsesiva, a la que tiene desórdenes alimenticios y a la que se pesa constantemente en la báscula. Y he sido esa persona también. He tenido momentos en los que, si no iba al gimnasio, me sentía infeliz y temerosa de no ser capaz de volver a ponerme mi ropa deportiva. De niña luché con problemas con la comida. Nunca recibí un diagnóstico de desorden alimenticio, pero me preocupaba de manera excesiva por lo que comía. Y las básculas fueron mis enemigas en la universidad.

Ahora, con dos hijos y escritora que pasa más tiempo sentada que en toda mi vida pasada, he experimentado algunos cambios serios en mi cuerpo. Mis temores van desde no ser atractiva para mi esposo a no ser capaz de usar mi ropa. He temido no "recuperar mi forma". Cuando se trata de mi imagen corporal, he tenido que luchar con el temor a no dar la talla según los estándares del mundo y de lo que yo misma me he impuesto.

¿No es cierto que a menudo las cosas buenas se vuelven malas debido a nuestro corazón pecaminoso? El ejercicio y el deseo de ser saludables y buenas administradoras del cuerpo que Dios nos ha dado no es algo malo. Esos deseos se vuelven pecaminosos cuando se convierten en ídolos y empezamos a medir nuestro valor y dignidad conforme a ello. Cuidar nuestro cuerpo puede ser una manera de glorificar a Dios. Él nos creó no para destruir nuestro cuerpo mediante el abuso, sino para usarlo para su gloria y sus propósitos. Y aunque la piedad es de valor supremo, sabemos que el ejercicio físico también tiene valor delante del Señor. Pablo nos ayuda a ver la dicotomía cuando escribe: "pues aunque el ejercicio físico trae algún provecho, la piedad es útil para todo, ya que incluye una promesa no solo para la vida presente, sino también para la venidera" (1 Timoteo 4:8, NVI).

Así pues, podemos dar por hecho que está bien proponernos hacer ejercicio como una meta para la vida saludable. Sin embargo, más importante aún, debemos entrenarnos también para la vida piadosa. El ejercicio provee fortaleza para el servicio, puede ser restaurador y rejuvenecedor. No obstante, el hecho de que exista la necesidad del ejercicio es otro recordatorio de que vivimos en un mundo caído con cuerpos caídos.

Nuestros cuerpos languidecen, cambian y se cansan. Probamos toda clase de suplemento, comida saludable de moda y varias formas de ejercicio para prolongar o prevenir lo inevitable. El Botox y la cirugía plástica y una vida entera de maratones no pueden evitar nuestro destino marcado. Al igual que Adán en la Biblia, somos polvo y volveremos al polvo (Génesis 3:19). No existe una medida de ejercicio que pueda evitarlo.

Las compañías que fabrican productos de belleza se han encargado de fijar estos falsos ideales de belleza.[1] En sus avisos publicitarios, revelan la magia del Photoshop. Lo más probable es que las imágenes de mujeres perfectamente proporcionadas (altas, delgadas y con curvas, sea cual sea tu ideal) han sido editadas y retocadas en una computadora por un diseñador gráfico. Así que podemos descansar. No tenemos que tratar de estar a la altura de esos falsos ideales de belleza. No tenemos que temer nuestro cuerpo en constante cambio.

Y si bien no existe nada en esta tierra que perdure eternamente, en la bondad de Dios, Él no nos deja solas en nuestra desintegración. Sabemos que, a su tiempo, Él hará todo nuevo y lo que antes estuvo plagado de enfermedad y dolor resucitará gloriosamente con Cristo. Pablo conecta la caída y nuestra resurrección cuando escribe: "Porque así como en Adán todos mueren, también en Cristo todos serán vivificados. Pero cada uno en su debido orden: Cristo, las primicias; luego los que son de Cristo, en su venida" (1 Corintios 15:22-23).

Como si no bastaran estas buenas noticias, Pablo nos recuerda

---

1. Trillia Newbell, "Mirror Wars", *Relevant*, 17 de abril de 2013, http://www.relevantmagazine.com/life/whole-life/mirror-wars.

que no solo estaremos con Cristo, sino que también seremos como Él: "Mas nuestra ciudadanía está en los cielos, de donde también esperamos al Salvador, al Señor Jesucristo; el cual transformará el cuerpo de la humillación nuestra, para que sea semejante al cuerpo de la gloria suya, por el poder con el cual puede también sujetar a sí mismo todas las cosas" (Filipenses 3:20-21).

¡Sí! Dios hará todo nuevo. Él transformará nuestros cuerpos, los mismos que arrastramos, y plegamos, y hacemos aguantar hambre, y a menudo lastimamos para tratar de hacerlos hermosos. Sí, Él hará nuestros cuerpos hermosos, puros y gloriosos cuando regrese. Nuestros cuerpos nunca volverán a morir. Y, mejor aún, seremos libres de pecado.

Nuestro cuerpo caído e imperfecto es otra manera de mirar a Cristo. Por su gracia, podemos dejar de mirarnos a nosotras mismas y fijar nuestra mirada en Jesús. Nuestro cuerpo está hecho para la adoración y, si el Señor nos permite vivir por mucho tiempo, es posible que quedemos con cuerpos incapaces de hacer nada aparte de adorar.

> Debemos poner nuestra mira arriba, en el Creador, y darnos cuenta de que nuestros cuerpos nunca serán ideales.

Cada dolor y dolencia y músculo flácido que alguna vez fue firme es otro recordatorio de que tenemos un Salvador que es perfecto en belleza, y que Él viene por nosotras a devolvernos a nuestro estado anterior a la caída y a levantarnos a un estado más glorioso de lo que podemos imaginar.

Así que, tal vez piensas: *Pero yo quiero ser atractiva para mi esposo o futuro esposo.* Si te identificas con esta conversación acerca del cuerpo, tal vez en parte temes no dar la talla según una determinada imagen corporal inventada, porque temes no ser deseable para un hombre. Si eres casada, ese hombre puede ser tu esposo; si eres soltera, tal vez temes no atraer a un hombre. (Debemos recordar que la piedad es de un atractivo absoluto. La belleza es vana y se desvanece, y solo el temor del Señor perdura). No hay absolutamente ningún problema con que desees ser atractiva para tu esposo, salvo si se convierte en un ídolo que te controla y te lleva al temor y la ansiedad. Si temes que no vas a ser atractiva a menos que logres tener cierto tipo de cuerpo, ora al Señor para que te dé un hombre que teme al Señor por encima de todo.

No queremos vivir *para* el hombre, ya sea nosotras mismas o un hombre. La misma arma que usas cuando analizas los asuntos de las relaciones también se usa cuando combates la tentación de alcanzar el cuerpo ideal. Debemos poner nuestra mira arriba, en el Creador, y darnos cuenta de que nuestros cuerpos nunca serán ideales y, si lo son, no siempre van a serlo mientras estemos en esta tierra. El tiempo los alcanzará y tarde o temprano llegará la muerte. Esta es la realidad que todas enfrentamos.

La comida y el cuerpo ideal

Hay varias maneras en que las mujeres pueden batallar con la imagen corporal, pero una en particular parece mantener cautivas a muchas y en varios grados, de modo que considero importante detenerme en ella. Sentémonos y enfrentemos juntas estas tentaciones que son realmente duras. Los desórdenes alimenticios son serios; muchas mujeres se ven afectadas por ellos en alguna forma (leve o severa), en algún momento de su vida. Estos desórdenes van desde la autoinanición, la bulimia y los atracones hasta formas más leves de obsesión acerca de la comida. No me refiero a ser conscientes de manera general sobre nuestro peso y nuestra dieta, lo cual es sabio y saludable. *Debemos* cuidar nuestro cuerpo. Me refiero a la tentación o la acción que nos consume y nos hace pensar o hacer cosas que son dañinas, perjudiciales o pecaminosas. Es importante confrontar esto porque según el Instituto Nacional de Salud Mental de los Estados Unidos, los desórdenes alimenticios son a menudo fatales y ocurren con frecuencia en adolescentes y adultos jóvenes.[2] Sé que hay mujeres que luchan duramente con el tema de los desórdenes alimenticios, muchos de los cuales nunca son diagnosticados. Otras padecen formas más leves que, aunque no necesariamente se catalogan como desórdenes alimenticios, son nocivas y por tanto merecen que las mencionemos aquí.

Durante mi último año de secundaria, tenía la esperanza de continuar mi práctica de danza y de animadora de equipos deportivos al llegar a la universidad. El Señor tenía otros planes, pero eso no impidió que yo experimentara con el vómito inducido, las dietas relámpago y la obsesión con mirarme en el espejo. Quería ser admitida en el equipo y, como parte de un grupo de animadoras de nivel competitivo en la secundaria, yo sabía que la competencia no solo exigía talento; también exigía un peso determinado. Mi primer año de universidad fue muy parecido a mi último año de secundaria. No logré entrar al equipo, pero seguí enseñando en campamentos de animadoras a todo lo largo y ancho de los Estados Unidos en ciudades universitarias. Después de mi segundo año de universidad, di por terminados mis días como bailarina y animadora, y pude experimentar con alegría la libertad de no tener esa obsesión por un cuerpo perfecto.

Nunca fui diagnosticada con un desorden alimenticio. No creo que tuviera uno. Mi lucha con la comida y el peso no era constante. Me enredaba en ello por temporadas y luego estaba bien durante varios meses. Mi lucha tenía que ver principalmente con la aceptación. Yo quería encajar en el molde, ser parte del equipo. Cuando fui capaz de renunciar a ello, logré superar el deseo de ser delgada, aunque el deseo pecaminoso de aceptación siguió latente en mi corazón. Aunque ya no estaba obsesionada con ser delgada, a causa de mi temor al hombre seguí sintiéndome

---

2. "Trastornos de la alimentación", Instituto Nacional de Salud Mental, https://www.nimh.nih.gov/health/publications/espanol/eating-disorders-listing.

decepcionada por nunca ser parte del equipo. Mi corazón encontró algo más en qué basar mi deseo de aceptación, que consistía simplemente en *ser* aceptada. Dios arrancó y sigue arrancando de raíz el deseo de agradar y de ser aceptada por otros.

El tipo de temor y de combate que tengo en mente quedan en evidencia, por lo general, en los hábitos alimenticios. Aunque no todas tenemos necesariamente estos desórdenes, la mayoría atravesamos temporadas en las que nos obsesionamos con nuestro cuerpo y con lo que comemos. Ahora que reflexiono en esa época de mi vida, creo que lo que experimenté fue una versión intensificada de la lucha que tienen muchas mujeres. Por otro lado, sí tengo amigas que han experimentado desórdenes alimenticios y es posible que estés leyendo ahora, después de haber luchado con ello, o que estés en plena batalla actual con un desorden. Por eso he pedido a dos amigas que cuenten sus historias en sus propias palabras. Puede que no sean idénticas a tu experiencia personal, pero oro para que te infundan esperanza. Las historias han sido abreviadas aquí, pero puedes leerlas completas en el Apéndice 1: "Los desórdenes alimenticios".

La historia de Eva: La anorexia y la misericordia de Dios

Fui salva a edad temprana, crecí en un hogar cristiano y era miembro de una iglesia numerosa. Creía en Dios, oraba, entonaba canciones y buscaba obedecer y agradar al Señor. Sin embargo, a pesar de que me habían enseñado esta verdad, nunca comprendí de pequeña lo engañoso y perverso que era mi propio corazón (¡y todavía lo es!). Yo era una joven legalista que conocía las respuestas correctas y se enorgullecía de ello. Recuerdo claramente cuando de niña en una tienda Walmart fui consciente de que, aunque no debía mirar los estantes de revistas junto a la caja registradora, me creí lo suficientemente madura para manejar esos contenidos. Leí un titular que decía: "La engañó... y ella lo asesinó". Yo pensé: *¡Cuánto me alegra no ser tan mala!* Para mí la gracia no era algo asombroso. En mi subconsciente, pensaba que existían categorías de pecados y que yo no era tan mala. En realidad, creo que a pesar de que fui cristiana desde niña, era increíblemente orgullosa e hipócrita. Pensaba que la anorexia era estúpida. Pensaba: *¿Cómo puede una chica dejar de comer?*

A medida que crecí externamente (pubertad, etc.), mis ansias de aprobación y mi hipocresía también crecieron. Creía que podía controlar mi vida, mi horario y mi apariencia, y miraba con desdén a otras chicas que no tenían tanto autocontrol. Siempre fui activa y delgada en mis años de crecimiento, pero en algún momento alrededor de los catorce o quince años, mis tendencias a buscar la aprobación de los demás empezaron a evidenciar cuánta atención positiva recibía por ser delgada, deportista, disciplinada, autocontrolada y tonificada. Cuando mi cuerpo experimentó los cambios de la adolescencia (como en las caderas), empecé a hacer ejercicio diario para mantenerme en forma, pero mi actividad estaba motivada por el deseo de ser alabada y estimada. La posibilidad de estar obsesionada con ello nunca se me cruzó por la mente. (Lee la historia completa de Eva en el Apéndice 1).

La historia de Emily: Una carta abierta a mis amigas que sufren desórdenes alimenticios[3]

Quiero llevarte veinte años atrás, cuando yo tenía trece años.

---

3. Emily Wierenga, "An Open Letter to My Friends Struggling with Eating Disorders", 11 de agosto de 2014, http://www.desiringgod.org/blog/posts/an-open-letter-to-my-friends-struggling-with-eating-disorders.

Soy la hija de un pastor, que está hospitalizada y tiene en su mano mechones de cabello.

Mis uñas están astilladas y puedes ver la forma de mis aparatos de ortodoncia que sobresalen en mis mejillas.

Peso 27 kilos.

La habitación huele a desinfectante. Las enfermeras dicen que me estoy muriendo.

Mientras me cepillaba el cabello empezó a caerse e intenté atrapar todos los mechones para volverlos a poner en mi cabeza.

Hoy comí por primera vez en cuatro años; comí de verdad, todo lo que estaba en mi plato, todo lo que me sirvieron; porque, aunque todavía no creo que tenga anorexia, sé que esto no es normal.

Estar morada de hipotermia, ser incapaz de correr o de levantar objetos y ver a tus amigas llorar cuando te ven, eso no es normal.

Pasarán otros veinte años antes de que pueda reconocer que tengo una enfermedad mental, pero hoy es un comienzo. Porque *la* vi de camino al hospital: una mujer, trotando, musculosa; la mujer más hermosa que he visto. Se veía llena de vida.

Y entonces me di cuenta de que en ese momento tenía hambre de algo más que comida.

Mucho antes de rechazar mi primera comida, ya había aguantado hambre.

No tenía idea de lo que era la anorexia nerviosa. Éramos los hijos del predicador, criados cantando himnos y memorizando versículos bíblicos, educados en casa en la larga mesa de madera de nuestros padres. La única televisión que veíamos era en blanco y negro, en un aparato que encontramos en un tiradero. Lo sacábamos del sótano una vez a la semana para ver programas de Disney el domingo en la noche. No se me permitía tomar clases de danza ni mirar revistas de moda, porque mamá, que era nutricionista, pensaba que eso podía desencadenar un desorden alimenticio.

Sin embargo, las tinieblas, al igual que la luz, se filtran por las grietas.

Y si se nos obliga a negar nuestro pecado desde el día en que nacemos, nunca nos daremos cuenta de que necesitamos un Salvador. Solo nos castigaremos a nosotras mismas por no ser lo que se supone deberíamos ser: perfectas.

Yo había sido siempre una buena niña, callada salvo cuando alguien me hablaba. Me encargaba del cuidado de mis hermanos menores. Pasaba horas en mis poemas y pinturas, con la esperanza de recibir la atención de un padre que pasaba la mayoría de su tiempo en la iglesia o en su oficina.

Nunca me preguntaron cuál era mi color favorito. Nunca supe cuál era mi color favorito hasta que me casé, un asunto aparentemente irrelevante hasta que te das cuenta de que no es solo eso. Tampoco sabes cómo te gustan los huevos o tu filete de carne, o cuál es tu champú favorito, porque lo único que sabes es que tiene que ser barato.

Son esos detalles que, al sumarse, se convierten en un gran cuadro que explica por qué no te amas a ti misma.

Y cuando tenía trece años y estaba allí en esa bata de hospital, mientras mamá me contaba en su suave acento inglés que las enfermeras decían que era un milagro que yo siguiera viva, que debía haber muerto, sentí que Dios extendía su mano, me tocaba en la mejilla y me decía: "No te desampararé, ni te dejaré".

Fue mi Padre celestial quien me aseguró que la vida

era más que solo normas y liturgias. Había gozo. Y ese gozo tenía buen sabor.

Amiga, ¿has probado ese gozo?

Por fin supe, a pesar del dolor de mi infancia y de los mechones de cabello en mi mano, que Dios me amaba porque Él me había hecho. No solo por eso, sino porque había muerto por mí. Y de repente, mi cuerpo ya no era solo huesos con piel. Era una vasija y Dios quería derramar su amor sobre mí para que yo pudiera darlo a otros. No somos simples seres físicos. Somos seres espirituales y parte de mí siempre supo esto, y por eso la comida nunca fue suficiente.

> El gozo es la paz que trasciende todo entendimiento, cuando miramos los ojos de nuestro Hacedor y vemos que podemos confiar en Él a pesar del dolor que nos asedia.

Sin embargo, hizo falta una recaída en la anorexia cuando era una joven casada no solo para reconocer el amor de Dios por mí, sino también para permitirle que me llenara porque el gozo no se encuentra en una vida perfecta. El gozo es la paz que trasciende todo entendimiento, cuando miramos los ojos de nuestro Hacedor y vemos que podemos confiar en Él a pesar del dolor que nos asedia. Dios es digno de confianza.

Solía pensar que el famoso milagro de Juan 6 se trataba únicamente de pan, peces y cinco mil estómagos vacíos que necesitaban comer. Aun así, me sorprendía siempre por qué Jesús permitió un desperdicio semejante, por qué llenó doce cestas de lo que sobró.

No obstante, esto pasa por alto el punto principal. La historia no se trata de pan y de peces.

Como Jesús explicó después a la multitud: "Yo soy el

pan de vida; el que a mí viene, nunca tendrá hambre; y el que en mí cree, no tendrá sed jamás" (Juan 6:35). Jesús es el pan. Él es el sustento eterno para el alma hambrienta. En Él, nuestras almas ya no quedan hambrientas o sedientas. Los sobrantes de la historia son una imagen que nos recuerda con cada lectura que Él es más que suficiente para ti y más que suficiente para cada necesidad en mi vida.

Alimentarse de pan de vida es descubrir que Cristo es suficiente para cada punzada de hambre que siento en mi alma, es permitir que su gracia y su bondad llenen todo vacío, todo lugar que duele dentro de mí, para nutrirlo y hacerme crecer fuerte en fe y en amor.

Amiga, ¿conoces este pan de vida? (Lee la historia completa de Emily en el Apéndice 1).

Estas son las historias de mis amigas y el Señor está escribiendo la tuya. Puede que no sea como la de ellas; puede que hayas experimentado años y años de lucha y de batallas con poca o ninguna tregua. Hay una serie de recursos disponibles para ayudarte a librar tu batalla. Te animo a que busques ayuda. Entre tanto, podemos decir junto con el pastor Milton Vincent:

Esta es mi historia, que sigue su curso.
¿Cómo agradecer a Dios por su evangelio?
Un regalo que sigue dando,
el evangelio ofrece,
cada vez que lo digo,
la bonanza del cielo.[4]

---

4. Milton Vincent, *A Gospel Primer for Christians: Learning to See the Glories of God's Love* (Bemidji, MN: Focus, 2008), 88.

Capítulo 7

El temor a la intimidad sexual

*E*n este momento que escribo, llevo once años de casada. A algunas les parece que es mucho tiempo y a otras les parece que apenas he comenzado. En nuestros breves (¿o largos?) años de vida de casados, he luchado en ocasiones con el temor a no ser la esposa ideal. Ya sabes a quién me refiero, a la mujer cuya "estima sobrepasa largamente a la de las piedras preciosas". Al parecer, esta mujer se levanta muy temprano cuando todavía está oscuro, cuando ya se ha ocupado de sus hijos. Es hábil para los negocios y además teje ropa. ¿Quién logra hacer todo eso? Bueno, al parecer ella lo logra.

Es generosa con los pobres y se interesa por todos. La mujer es cuidadosa con el uso de su tiempo; lejos de ella estar ociosa. Si todavía no sabes de quién hablo, estoy escribiendo acerca de la mujer de Proverbios 31. Esta bella mujer de las Escrituras que personifica la sabiduría no está ahí para presionarnos o convertirse en un mandato. Sin embargo, ¿con cuánta frecuencia hemos consultado esta lista de virtudes con abatimiento o consternación? Pensamos: *¿Le da bien y no mal a su marido todos los días de su vida? Bueno, yo he fallado. Estaba enojada y pequé nada más ayer.*

Mi primer año de matrimonio fue una mezcla de tratar de ser una esposa perfecta y tratar de cambiar a mi marido. Luché mucho con el fariseísmo. Quería que encajáramos en cierto molde. Tenía miedo de no dar la talla de ese ideal, ya sabes, el de la "pareja piadosa". Mi temor aumentaba porque no fuéramos ejemplos piadosos y buenos para otros, al tiempo que juzgaba también a mi esposo casi sin parar.

Y sé que no soy la única que experimenta esta tentación.

He hablado con amigas recién casadas que me han contado acerca de sus frustraciones con su nuevo cónyuge. Por lo general, hay algún área en la que estas mujeres desean que sus esposos mejoren y se cansan de esperar. Si bien sus esposos necesitan mejorar, es fácil y muy común que las esposas batallen con una actitud crítica y farisaica. Como mujeres, podemos ver a nuestro hombre, detectar el pecado y sin tardar estar listas a señalar las faltas. Peor aún, podemos verlo y no ver la gracia tan evidente en su vida y nuestra propia pecaminosidad.

Me identifico con esto. Esa era yo.

Recuerdo mi boda como si hubiera sido ayer. Fue un día frío de diciembre. Todas nuestras decoraciones eran de color rojo, blanco y verde, alusivas a la temporada. Fue exactamente lo que habíamos esperado y más.

Después de la luna de miel (que fue prácticamente mágica), regresamos a nuestra casa dispuestos a empezar nuestra vida juntos como uno. Sin embargo, el cuento de hadas terminó pronto y comenzó la vida real. No era como me lo había imaginado. No fueron problemas notorios. No salieron a relucir asuntos pecaminosos profundos. Sí, yo era extremadamente consciente de los defectos de mi esposo y no dudaba en hacérselo saber.

Era pronta en señalar el pecado y ávida para hacer "comentarios" acerca de cómo podría cambiar o mejorar como líder, todo bajo la pretensión de ser su ayuda. Juzgué duramente a mi esposo el primer año de matrimonio. Pensé que era lo correcto y asumí el papel de "espíritu santo". Como dije, lo enmascaré como parte de mi papel de ser ayuda. ¡Eso fue un error!

¿Acaso no lo estaba ayudando al comunicar mi sabiduría y mis sugerencias en cada parte de su vida? Es decir, seguramente él necesitaba mi ayuda para convertirse en un hombre piadoso, ¿no es así? Digamos que yo tenía en el ojo una viga del tamaño de una secoya californiana, pero lo único que podía ver era la astilla en el ojo de él (Mateo 7:3). Estaba llena de hipocresía y egocentrismo.

Detrás de todo ese fastidio, había un deseo de tenerlo todo controlado. Además, gran parte de mis correcciones nacían de un deseo de satisfacer alguna necesidad percibida mía y tenían poco que ver con su santificación. Mi deseo era que él cambiara por *mí*, no para agradar y glorificar a Dios. Mis observaciones eran, por lo general (aunque no siempre), egoístas.

Como mencioné, estoy muy agradecida porque el Señor nos ha dado a mi esposo y a mí más años para crecer. Ahora, once años después de nuestro día de bodas, sigo aprendiendo a ayudar amorosamente a mi esposo, pero aún más a *disfrutar* de su compañía. He aprendido que Dios nos ha diseñado a cada uno con un propósito y que no tenemos que vivir a la medida que nos imponemos ni ceder a las presiones externas. He aprendido a buscar áreas de gracia y a fijarme en los buenos regalos. Dios me ha ayudado a usar mi lengua para animar, edificar y elogiar a mi esposo por la manera en que Dios lo hizo, en lugar de derribarlo hablándole acerca de la forma en que Dios *no* lo hizo.

Y así como no me sorprende mi pecado, tampoco me sorprende que Dios me ayude a mejorar en esta área. Dios obra todas las cosas para el bien de quienes lo aman (Romanos 8:28). Él provee una vía de escape para nuestro fariseísmo (1 Corintios 10:13). Él promete que terminará la buena obra que empezó en ti y en mí (Filipenses 1:6). ¡Estas son buenas noticias para nosotras! Dios es fiel.

Es asombroso que aun cuando caí en la tentación de juzgar a mi esposo y traté de acatar las normas externas que percibía en mi entorno, Dios permaneció firmemente comprometido para perdonarme, porque mi pecado lo cubre, no en parte sino por completo, la sangre de Jesucristo. También el tuyo.

En la raíz de mi fariseísmo, había orgullo y temor al hombre. Sin embargo, el temor a no ser una pareja extraordinaria y sobrehumana no era mi única lucha. También me preocupaba *decepcionar* a mi esposo. Durante nuestro primer año de matrimonio (agradezco una vez más los años posteriores a *este*), en realidad hice cosas muy graciosas, como servir postre después de *cada* comida. Eso no aportó a mi lucha con la imagen corporal. En cuestiones de aseo del hogar, era más bien mediocre y me desanimaba pensar que mi esposo se decepcionara cuando la casa no estuviera tan limpia como, a mi modo de ver, él deseaba que estuviera (para ser sincera, él nunca me presionó para hacer nada de eso). De modo que, en realidad, no eran sus expectativas y el Señor tampoco me pedía ese tipo de desempeño. Entonces, ¿de dónde procedía la presión? Yo había adoptado la cultura de mi entorno. No era la única mujer con ansias de ser la esposa ideal. El único problema es que eso era imposible. Era como atrapar el viento.

Mi participación en varios eventos ministeriales femeniles me ha permitido constatar que esta sigue siendo una tentación para muchas mujeres. Nos presionamos para alcanzar el ideal que esperamos sea del agrado de nuestro esposo, pero en realidad esas aspiraciones son egocéntricas y pretensiosas. Dios es un Dios de orden y por tanto no hay nada malo en desear tener una casa que refleje ese orden. Tito 2 anima a las mujeres mayores a que enseñen a las más jóvenes a ocuparse en sus hogares, de modo que, en efecto, prestar atención a nuestros hogares es bueno e importante. Sin embargo, cuando nos imponemos presiones y procuramos ser una "esposa excelente" motivadas por el temor, eso no agrada al Señor.

Regresaremos a Proverbios 31, porque tenemos que aprender algo aparte de la aplicación práctica de ser esposa y madre. La sabiduría del pasaje va mucho más allá de ser una mujer excelente.

> Cuando nos imponemos presiones y procuramos ser una "esposa excelente" motivadas por el temor, eso no agrada al Señor.

Intimidad con él

No profundizaré en el tema de la intimidad. Se podría escribir extensamente acerca del tema, tanto que podría completar un libro entero aparte. No obstante, conviene que abordemos esta batalla que muchas mujeres experimentan cuando se trata de la intimidad. Puede que te preguntes: *¿Voy a dar la talla? ¿Seré suficiente para mi marido?*

Esta tentación parece mucho más frecuente en las recién casadas. Acabas de ir al altar con el hombre que habías anhelado, y si has esperado *ese* día, puede parecer aterrador e intimidante. Cuando he hablado con mujeres recién casadas, a la mayoría parece preocuparles o inquietarles asuntos como: *¿Qué sucede si no sé qué hacer? ¿Cómo voy a poder estar desnuda y no sentir pena?* Filipenses 4:8-9 puede ser de ayuda cuando entres en la habitación. Piensa en cosas verdaderas acerca de tu esposo y no te impongas presiones sobre cómo debe ser tu desempeño. ¡Tienes toda una vida para lograrlo! Olvida la presión. Disfruta el momento. Disfruta a tu esposo. Y si necesitas ayuda acerca de qué hacer, sé abierta y sincera con tu esposo o pide consejo a una mujer mayor, o ambas cosas.

Lo cierto es que no siempre es una experiencia tan tranquila y que también existen otras luchas que voy a mencionar.

Me vestí de blanco

Era un vestido hermoso y sencillo, de corte acampanado y con encaje. Imprimimos nuestro testimonio en el programa como recordatorio de que todo lo que Dios había hecho nos había conducido a ese momento culminante del matrimonio. Mi vestido de bodas blanco fue un recordatorio para mí de que era pura, blanca como la nieve, perdonada por el Señor. Yo caminé hacia mi futuro esposo vestida de la justicia de Cristo y consciente de la profunda y significativa unión que traería la noche.

Mi vestido blanco no representaba una vida de pureza. Yo no representaba una novia joven sonrojada que había esperado para conocer los misterios de la intimidad que están reservados a los recién casados. Mi vestido blanco no representaba a una virgen nacida de nuevo. En cambio, representaba a una cristiana nacida de nuevo (Juan 3:1-15). Dios me buscó, me salvó, me hizo una nueva criatura y me ha dado una esperanza viva (1 Pedro 1:3).

Por mucho tiempo, anhelé tener un testimonio diferente. Recordaba mis indiscreciones pasadas y sentía vergüenza. Mi amoroso esposo nunca me reprochó nada de eso, entonces ¿por qué luchaba tanto?

Creo que, en parte, podría ser que entiendo la seriedad de la inmoralidad sexual. Las Escrituras nos advierten que quienes son sexualmente inmorales no tienen lugar en el reino de Dios (Efesios 5:5). Mateo dice que si un hombre mira con lujuria a una mujer comete adulterio (Mateo 5:28). Incluso Pablo, un hombre llamado al celibato, instruye a los corintios a no privarse del sexo dentro de los confines del matrimonio, porque la tentación a la inmoralidad sexual es demasiado grande (1 Corintios 7:1-5).

Ese pecado viejo y andrajoso no me define. No tengo que vivir temerosa y avergonzada. He sido aceptada por mi esposo y, más importante aún, por mi Señor.

Sin embargo, aparte de la vergüenza, hay algo más que experimentaba y que me inquietaba profundamente. Sucedía con frecuencia después de leer un artículo o una publicación que advertía a esta generación acerca de la gravedad del pecado sexual. Aunque estaba de acuerdo con muchas de las cosas que leía, esas advertencias añadían también pesar y vergüenza. Leía que no iba a poder amar plenamente a mi esposo y que una mujer no es lujuriosa. Es difícil ser una mujer con un pasado pecaminoso, especialmente cuando se trata de la impureza sexual. De nosotras se espera que seamos puras e inmaculadas. Y la mayoría de las tentaciones a pecar sexualmente se les atribuyen a los hombres. De modo que ya no somos solo pecadoras; ni siquiera somos mujeres, sino como los hombres mismos.

Una vez más, Pablo nos ayuda con su mensaje a los corintios: "No os ha sobrevenido ninguna tentación que no sea humana" (1 Corintios 10:13a). La tentación sexual no es exclusiva de los hombres. Jesús sabe que esto es verdad. Cuando anduvo en la tierra, Él interactuó con prostitutas, confrontó a los adúlteros y en seguida murió por ellos, por ti y por mí también.

Aquí encontramos más noticias excelentes: "Fiel es Dios, que no os dejará ser tentados más de lo que podéis resistir, sino que dará también juntamente con la tentación la salida, para que podáis soportar" (1 Corintios 10:13b). Incluso ahora te encontrarás batallando a diario con la tentación al pecado sexual. Hay una vía de escape. Puedes decirle "no" al pecado. No tienes que caer en pecado sexual. Si tienes el Espíritu de Dios, tienes el poder para darte vuelta y correr en la dirección contraria.

Si luchas con la vergüenza del pecado *perdonado*, pero has puesto tu esperanza en la obra consumada de Cristo (¡gracias, Señor, porque consumada es!), no tienes que temer el castigo. No tienes que vivir con vergüenza. No tienes que anhelar tener un testimonio diferente, como si Dios no hubiera dicho: "Por cuanto todos pecaron, y están destituidos de la gloria de Dios" (Romanos 3:23). Cristo llevó todo sobre Él en el momento en que colgaba en esa cruz. No tienes que sufrir tu propio castigo. Él lo sufrió por ti.

Me vestí de blanco en mi boda y me vestiría de blanco otra vez. Soy una nueva criatura. Lo viejo ya pasó. Eso no significa que yo esté exenta de tentación, sino que ese pecado viejo y andrajoso no me define. No me define mi pasado. He nacido de nuevo como cristiana.

Tú no tienes que temer lo que tu futuro esposo piense de ti. Ora para que Dios te provea un hombre tan enamorado de Jesús y tan enamorado de la gracia que pueda verte como Dios te ve, vestida de la justicia de Cristo. Ora porque tu futuro esposo conozca la Palabra y lo que Dios dice acerca del pecado, de la justificación y de la gracia. Y luego cree que el Señor, que es fiel, se encargará de lo demás.

Si tu esposo tiene algún conflicto con tu pasado sexual, quizás convenga buscar la ayuda de un pastor entrenado en consejería o un consejero cristiano que pueda ayudarte en tu matrimonio.

Afrontar las luchas relacionadas con la intimidad puede ser una experiencia solitaria. A continuación, mi amiga cuenta su historia con la esperanza de animarte en tu fe y como un recordatorio de que muchas mujeres atraviesan las mismas luchas.

Historia (anónima) de las luchas íntimas de una joven y la ayuda constante de Dios

Me aterrorizaba pensar en mi noche de bodas. Me sentía muy atraída a mi prometido, de modo que pensarás que nada más estaba emocionada; sin embargo, yo sabía que mi amado tenía un oscuro pasado de pornografía. Aunque Dios lo había sacado de ese estilo de vida, yo no era ingenua al hecho de que sus expectativas acerca de lo que eran las mujeres en la cama habían sido influenciadas por lo que él había visto en el pasado. Me aterrorizaba la idea de estar por debajo de esas mujeres y de que él se decepcionara o aburriera. No era tanto que yo temiera que me viera desnuda (aunque eso también daba miedo), sino lo que él pensara de mi desempeño, por decirlo de alguna manera. Aunque la pasamos de maravilla en nuestra luna de miel, también hubo mucho estrés por estos asuntos adyacentes. Ahora tengo más claridad para hablar acerca de estos temas, pero al principio no tuvimos conversaciones que sirvieran para abordarlos, porque yo no entendía completamente sus complejidades. Lo único que sabía es que estaba asustada.

Al mirar en retrospectiva, creo que había varias situaciones. Mi pasado, que podía parecer aburrido a quien ha llevado una vida mundana, podría haberme cohibido. Había tenido muchos novios en mi adolescencia y hasta la universidad. Hubo uno con quien estuve más tiempo que los otros. En esa relación, anduve por la cuerda floja de la virginidad y solo técnicamente crucé al otro lado siendo virgen todavía. Casi el único componente de nuestra relación era físico. Recuerdo que deseaba hacerlo feliz, pero no quería complacerlo en lo que él esperaba de mí. Yo lo alejaba, pero a la larga cedí. Aunque me sentí muy culpable, seguí en la relación hasta que el Señor usó a una amiga que me desafió y me dio el valor para terminar con él.

He llevado conmigo muchos recuerdos de esa relación hasta mi matrimonio. Me siento reprimida en algunas maneras, porque esos recuerdos despiertan el sentimiento de malestar del pasado con el otro hombre. Me pregunto si todo esto alimenta mi temor de no agradar a mi marido y de tener que hacer lo que no quiero para complacerlo.

Aunque mi esposo es completamente diferente a mi novio de antes, a veces surgen temores irracionales sin fundamento en la realidad.

El segundo elemento que pudo haber contribuido a mi temor es la manera en que fui criada. Mi familia es una familia cristiana maravillosa y auténtica. Sin embargo, un tema del que nunca se habló fue el sexo. Simplemente era demasiado incómodo. Me pregunto si yo habría tenido el valor de hablar con mis padres acerca de lo que sucedía con mi novio si hubiéramos tenido la costumbre de conversar acerca de la sexualidad. Al final terminé esa relación perjudicial con mi novio gracias al aliento de mis amigas, pero mis padres nunca se enteraron de lo que sucedió. Ahora, ya casada, todavía me parece incómodo hablar acerca de sexo, incluso con mi esposo.

Por último, mi temor al hombre me llevó a ser temerosa. Temía que mi esposo pensara en mí más en términos sexuales de lo que yo deseaba, en realidad, agradarle o disfrutar de intimidad con él. Yo era la chica de secundaria que era incapaz de lanzarse a bailar porque pensaba siempre, equivocadamente, que todo el mundo la estaría mirando para burlarse de cada uno de sus movimientos.

Creo que todavía no he superado por completo mis temores. No obstante, he progresado mucho. Siento que mi esposo y yo hemos logrado avanzar desde que comprendimos lo mucho que la relación con mi novio de la secundaria me había afectado. Durante los primeros cinco años de matrimonio, mi esposo tuvo grandes dificultades porque yo era demasiado nerviosa, insegura y reservada sexualmente. La única conclusión a la que él podía llegar era que yo no me sentía atraída por él, lo cual no era cierto. Cuando descubrimos parte de la razón de mis problemas, él se sintió motivado y animado para tenerme paciencia. Su paciencia y tranquilidad, con el tiempo, me ayudaron a relajarme y a enfocarme en él. También me ayudaron a recordarme que él es un hombre completamente diferente del fantasma de mi pasado y que yo puedo crear nuevos recuerdos con mi esposo. También he orado por todo esto. No he visto un cambio inmediato, pero sigo pidiendo a Dios que me ayude. En retrospectiva, puedo ver un gran progreso en nuestra intimidad.

La pornografía en el matrimonio

He mencionado anteriormente que las mujeres pueden sentirse temerosas de no dar la talla en la vida sexual, simplemente, porque son vírgenes y la idea de pasar de cero a cien en la noche de bodas puede parecer abrumador. Esa idea de no dar la talla en la vida sexual es común, pero hoy día muchas mujeres parecieran tener una competencia en esta área que nunca imaginaron tener que afrontar. No, no se trata de otra mujer de carne y hueso, se trata de imágenes pixeladas que aparecen en la pantalla y que privan a los hombres del gozo de la intimidad y el placer reales. Me refiero a la pornografía, la cual constituye otra causa de ansiedad en las mujeres. La arremetida de la pornografía, y la desafortunada tentación y el aprisionamiento que ejerce sobre los hombres (y las mujeres), es alarmante.

No me cabe en la cabeza el sinnúmero de personas que no solo luchan con la pornografía, sino que están completamente atrapados por ella. Hay cuarenta millones de usuarios frecuentes de pornografía en los Estados Unidos.[1] Mientras estoy aquí sentada escribiendo, tengo que detenerme, cubrir mi boca y con-

---

1. Morgan Bennett, "The New Narcotic", *The Public Discourse*, 9 de octubre de 2013, http://www.thepublicdiscourse.com/2013/10/10846/?utm_source=RTA+Bennet+Part+One&utm_campaign=winstorg&utm_medium=email.

tener las lágrimas. Un autor ha denominado la pornografía el "nuevo narcótico".[2] Los científicos han determinado un número de razones que explican este fenómeno; en primer lugar, que la estimulación es adictiva.[3] También se sabe que esta desafortunada epidemia causa estragos en los matrimonios. A los hombres les cuesta sentirse estimulados con sus esposas y las esposas quedan desmoralizadas y confundidas.

Si has decidido que no puedes competir con la pornografía, tienes razón. Nadie puede competir con expectativas completamente falsas. Nada de lo que se escenifica allí es la realidad (o el gozo posible) de la verdadera intimidad. Entonces, ¿qué debe hacer una mujer cuando teme que no dará la talla para satisfacer las necesidades de su esposo por causa de la proliferación de la pornografía? A continuación presento algunas reflexiones.

Piensa lo verdadero. Como mencioné antes, Filipenses 4:8-9 nos sirve en muchas circunstancias y sentidos. A menos que tu esposo haya confesado que ha sido tentado por la pornografía, no des por hecho que tiene esa lucha particular. Lo último que quieres hacer es leer este capítulo y dar por sentado que tu hombre es parte de esas estadísticas. Hay, en efecto, hombres que *no* batallan con la pornografía.

Busca consejo. Si has descubierto que tu esposo tiene problemas en la intimidad porque tiene un hábito relacionado con la pornografía, una buena opción puede ser buscar consejo de un especialista en lo que podría ser una adicción para que pueda orientarte hacia qué pasos dar. Es indudable que has experimentado una gran pérdida; pérdida de la confianza, pérdida de fe, pérdida de esperanza. En su libro *¡Verdaderamente libres!*, Vicki Tiede cuenta su historia de traición y esperanza. Por medio de su experiencia personal, les recuerda a las lectoras: "No importa si se trata de pequeñas o grandes pérdidas; son reales y significa-

---

2. Ibíd.
3. Ibíd.

tivas en tu vida. Enfréntalas y date licencia a ti misma de sentir tristeza, consciente de que hay Alguien que entiende y siente tu dolor".[4] No tienes que sufrir sola.

Recuerda a Dios. En todas nuestras conversaciones acerca del temor, nuestro único verdadero rescate de todo ello consiste en recordar a Dios. Él tiene el poder para liberar a tu esposo de esta tentación y tiene el poder para restaurar en ti la fe para disfrutar la intimidad. Él puede hacerlo. El pastor John Piper ofrece esperanza:

> Además, sabemos por experiencia que no somos esclavos de estos poderosos cambios que ocurren en nuestro cerebro a causa de la pornografía. Yo no los subestimo. A juzgar por los efectos continuados, aun en mis sesentas, de mis locuras de adolescencia, he comprobado el poder persistente de los viejos patrones pecaminosos. Con todo, no somos caballos ni mulos que solo pueden ser sujetados con cabestro y con freno (Salmos 32:9).[5]

Recuerda que Dios es más poderoso de lo que imaginamos.

4. Vicki Tiede, *When Your Husband Is Addicted to Pornography* (Greensboro, NC: New Growth Press, 2012), 22. Publicado en español por Unilit con el título *¡Verdaderamente libres: Sanando el corazón herido por la pornografía*.
5. John Piper, "Hijacking Back Your Brain from Porn", *Desiring God*, 9 de octubre de 2013, http://www.desiringgod.org/blog/posts.

Capítulo 8

Por qué podemos confiar en Dios

¿Alguna vez te han dicho que debes confiar en el Señor? A mí me lo han dicho. De hecho, me lo han repetido muchas veces. Y sé que he dicho lo mismo a otras personas. Es fácil andar diciendo: "Confía en Dios", pero ¿por qué deberíamos hacerlo? El título de este libro es *Los temores del corazón*. Hemos hablado acerca de desentrañar nuestros temores. Sin duda, todas tenemos temores en una u otra área (muchas, como yo, en múltiples). Sin embargo, quiero enfocarme ahora en Aquel que provee la ayuda que necesitamos no solo para enfrentar nuestros temores, sino también para descansar en medio de ellos. El descanso puede requerir primero arrepentimiento y luego confianza, pero antes de llegar a ello, debemos saber por qué podemos confiar en Dios. Así pues, volquemos nuestra atención a Él. A fin de alcanzar la fe para confiar en Dios, necesitamos saber quién es Él. Parte de la fe que esperamos obtener viene del temor del Señor. En el capítulo 9, voy a explicar lo que significa temer al Señor, pero adelantémonos a definir algunos términos que nos ayuden a manera de introducción.

Salomón empieza el libro de sabiduría con una declaración

interesante: "El temor del SEÑOR es el principio del conocimiento; los necios desprecian la sabiduría y la disciplina" (Proverbios 1:7, NVI). A mi parecer, esta declaración suena como el dilema de la gallina y el huevo. ¿Qué viene primero, el conocimiento o la sabiduría o el temor del Señor? ¿Cómo se puede temer al Señor antes de obtener conocimiento? ¿Es posible conocer realmente a Dios y no temerle? La definición de términos realmente lo cambia todo.

El *conocimiento* se refiere a la comprensión correcta del mundo y de nosotras mismas como criaturas de un Dios amoroso y majestuoso. La *sabiduría* es la habilidad adquirida de aplicar ese conocimiento correctamente.[1] El objetivo es *obtener* conocimiento, lo cual nos da un entendimiento adecuado del mundo. Y en el caso de este libro, adquirimos entendimiento acerca de quién es Dios y de sus caminos a la luz de nuestras circunstancias. Así que, antes de que podamos temer al Señor, debemos conocerlo, y conocer a Dios significa más que simplemente saber que hay un Dios. J. I. Packer explica: "¿Cómo vamos a hacer esto? ¿Cómo podemos convertir el conocimiento *acerca* de Dios en conocimiento *de* Dios? La regla para hacerlo es sencilla, pero exigente. Consiste en convertir cada verdad que aprendemos *acerca* de Dios en un tema de meditación *delante* de Dios, lo cual nos lleva a la oración y la alabanza a Dios".[2]

En otras palabras, para conocer a Dios debemos meditar en la verdad de Dios. Él se revela en su Palabra. Es allí donde lo encontramos y lo conocemos. En última instancia, el conocimiento de Dios transforma el conocimiento de todas las cosas. Así que podemos mirar las estrellas y adorar, o aprender acerca de vasos sanguíneos y asombrarnos ante nuestro Creador. Sin

---

1. *ESV Study Bible*, ed. Wayne Grudem (Wheaton, IL: Crossway, 2008), comentario sobre Proverbios 1:7.

2. J. I. Packer, *Knowing God* (Downers Grove, IL: InterVarsity, 1973), 23, énfasis original. Publicado en español por OASIS con el título *Conociendo a Dios*.

embargo, no podemos hacer nada de esto de la manera correcta sin conocer primero a Dios.

Desde el día en que mi hijo nació, empecé a contarle que Dios había creado el mundo y nos había dado un hijo como él. Antes de que naciera mi hijo, sufrí dos abortos espontáneos, de modo que constantemente le daba gracias a Dios por él. Por supuesto, cuando él era bebé no podía realmente responder. Pero luego, a los cuatro años, por fin comunicó sus pensamientos acerca de Dios, lo cual me sorprendió. Un día dijo: "No te creo. ¿Dónde está Él? Yo no creo que Dios sea real". Como ves, mi hijo también sabía de dragones, superhéroes, criaturas extrañas con varias cabezas y de la locomotora Thomas y sus amigos que le hablaban a través de la pantalla del televisor. Él sabía que estos personajes no eran reales, sino ficticios. Sin embargo, le parecían mucho más reales porque los *veía*. Me di cuenta entonces de que iba a ser necesario que el Señor le impartiera fe a mi hijo para que él creyera que Dios es real y no simplemente algo imaginario y abstracto acerca de lo cual a su mamá le gustaba hablar.

> Para conocer a Dios debemos meditar en la verdad de Dios.

Creo que podemos ser como mi hijo. Oímos a las personas hablar acerca de este Dios; incluso podemos hablar de Él. Pero ¿sabemos realmente quién es Él? Y si lo sabemos, ¿lo *creemos* en nuestro corazón? Santiago nos dice que incluso los demonios creen y tiemblan (Santiago 2:19). El solo hecho de creer no nos da la seguridad de que Dios es quien dice que es. Aun como creyentes nacidas de nuevo, nuestro conocimiento de Dios es insuficiente. Y seamos francas, en esos momentos aterradores de temor, muchas veces lo olvidamos. Por eso es bueno recordar quién es Dios.

¿Qué es Dios?

El *Catecismo Menor de Westminster* dice que "Dios es Espíritu. Es infinito, eterno e inmutable, en su ser, sabiduría, poder, santidad, justicia, bondad y verdad".[3] Dios es infinitamente grande, majestuoso y formidable en todo lo que Él es y en todo lo que hace. Como escribió con tanta elocuencia Packer: "Al igual que nosotros, es personal; pero a diferencia de nosotros, Él es *grandioso*".[4] Se han escrito libros y más libros acerca del carácter y los atributos de Dios. Lo que escribo aquí no es exhaustivo. ¿Existe alguna manera de realmente agotar nuestro entendimiento de Dios? Esto ni siquiera es un intento. No trataré de abordar cada aspecto de nuestro Padre (su paternidad es otro atributo); antes bien, voy a delinear aquellas características acerca de Él que considero te ayudarán a proseguir tu lectura. Esas características incluyen su soberanía, sabiduría, amor y bondad, aunque no se limitan solo a estas.

> Lo que pensamos acerca de Dios se revela en nuestra manera de vivir.

Sin embargo, antes de que pasemos a esas características, debemos tener claro que Dios no es como nosotras. Dios es santo, o apartado. Él es completamente puro. Él es completamente diferente a cualquier cosa que nuestras mentes limitadas puedan imaginar, y aunque estamos hechas a su imagen, Él en nada se parece a nosotras (aunque podemos ser como Él, Él no es como nosotras). En el cántico de Moisés, leemos lo siguiente: "¿Quién como tú, oh Jehová, entre los dioses? ¿Quién como tú, magnífico en santidad, terrible en maravillosas hazañas, hacedor de prodigios?" (Éxodo 15:11). La respuesta es que no hay nadie como nuestro Dios. Dios es glorioso. Dios es majestuoso. Dios

---

3. Catecismo Menor de Westminster, pregunta 4, https://es.ligonier.org/recursos/credos-confesiones/el-catecismo-menor-de-westminster/.

4. Packer, *Knowing God*, énfasis original.

es cada adjetivo que puedas encontrar para describir algo grandioso. Muchas veces en nuestro pensamiento, minimizamos a Dios imaginando que es como nosotras. Lo que pensamos acerca de Dios se revela en nuestra manera de vivir, en lo que decimos y en las meditaciones íntimas de nuestro corazón. Dios es más asombroso que cualquier idea que podamos concebir jamás. Su santidad, a mi modo de ver, es el fundamento de todos los aspectos de su carácter.

La soberanía de Dios

¿No podré yo hacer de vosotros como este alfarero, oh casa de Israel? dice Jehová. He aquí que como el barro en la mano del alfarero, así sois vosotros en mi mano, oh casa de Israel (Jeremías 18:6).

Con Dios está la sabiduría y el poder; suyo es el consejo y la inteligencia (Job 12:13).

Las Escrituras abundan en detalles acerca de la soberanía y la sabiduría de Dios. Estos atributos, que para muchos son difíciles de entender, A. W. Tozer los expone de la siguiente forma: "Decir que Dios es soberano es decir que Él es supremo sobre todas las cosas, que no hay nadie por encima de Él, que Él es Señor absoluto sobre la creación".[5] No hay ningún otro ser como Dios. Al entender que Dios reina y gobierna de forma soberana y que Él es el único Dios, podemos empezar a ceder nuestro control. Nuestro temor nos dice que nosotras tenemos el control, que *necesitamos* tener el control y someternos a nuestros sentimientos. La soberanía de Dios nos recuerda y nos asegura que Él tiene el control de todo y que Él es sabio. Sus pensamientos no son nuestros pensamientos y sus caminos no son nuestros caminos. Estas son buenas noticias.

---

5. A. W. Tozer, *The Attributes of God: Deeper into the Father's Heart*, vol. 2 (Chicago: Moody, 2015), 154.

Timoteo necesitaba estas buenas noticias para perseverar en la buena batalla de la fe. Pablo lo instó a que se quedara en Éfeso "para que [mandase] a algunos que no enseñen diferente doctrina" (1 Timoteo 1:3). Timoteo debía confrontar a los falsos maestros. ¿Puedes imaginar por un minuto que este fuera tu llamado? Claro, se supone que todas debemos proclamar la verdad y, cuando vemos u oímos algo falso, procurar corregirlo (Efesios 4:15). Sin embargo, ¡no muchas tenemos el *encargo* de detectar y corregir falsos maestros por toda la ciudad! La belleza de este llamado que recibió Timoteo radicaba en que su motivación y su finalidad eran el amor a otros (1 Timoteo 1:5). No obstante, esta era una tarea onerosa que exigía mucha fe.

Al final de 1 Timoteo, Pablo no le dice a Timoteo que se haga el fuerte, no le dice que confíe en él mismo ni le asegura que puede hacerlo solo. Pablo le recuerda a Timoteo quién es Dios. Timoteo pelea la buena batalla de la fe recordando que, en el momento indicado, él estará con el Único "bienaventurado y solo Soberano, Rey de reyes, y Señor de señores, el único que tiene inmortalidad, que habita en luz inaccesible; a quien ninguno de los hombres ha visto ni puede ver" (1 Timoteo 6:15-16). Cuando Timoteo necesitaba ser reconfortado para comunicar la verdad, Pablo lo animó a recordar que Dios es soberano, que rige cada momento y que él debería confiar en que Dios hará su voluntad con lo que Timoteo lograba comunicar. Más aún, Timoteo sabía que quienes se oponían a él no eran nada comparados con Dios. Él podía confiar y descansar en Dios. Nosotras también.

Cuyo dominio es sempiterno, y su reino por todas las edades. Todos los habitantes de la tierra son considerados como nada; y él hace según su voluntad en el ejército del cielo, y en los habitantes de la tierra, y no hay quien detenga su mano, y le diga: ¿Qué haces? (Daniel 4:34-35).

La sabiduría de Dios

Y Dios, que es soberano, *obra* por medio de su sabiduría. Y como sabrás, Él es *sabio* en todo.

El diccionario define la sabiduría como "el conocimiento que se adquiere mediante múltiples experiencias en la vida, la capacidad natural de entender asuntos que escapan a la mayoría de las personas y el conocimiento de lo que es pertinente o razonable, de buen sentido o buen juicio".[6] Esta es una definición de sabiduría desde la perspectiva humana. Nos volvemos sabias adquiriendo entendimiento. Tomamos decisiones inteligentes y en consecuencia somos sabias. Adquirimos experiencia y somos capaces de discernir lo que es bueno por medio de la experiencia y, por ende, actuar de manera sabia. Dios, en cambio, nunca tuvo que ser instruido, nunca necesitó experiencia, nunca tuvo que leer ni estudiar. Dios es absolutamente sabio.

Dios no solo es absolutamente sabio, sino que también es sabio en todo lo que hace. Nada que Dios haga lo hace aparte de su sabiduría divina. El salmista canta: "¡Cuán innumerables son tus obras, oh Jehová! Hiciste todas ellas con sabiduría; la tierra está llena de tus beneficios" (Salmos 104:24). Y vemos en Romanos que Él es el único Dios sabio, el único que es completa y absolutamente sabio: "Al único y sabio Dios, sea la gloria mediante Jesucristo para siempre" (Romanos 6:27). ¿No te parece asombroso? Dios siempre ha existido, hace lo que en su voluntad dispone y lo hace todo con absoluta sabiduría. ¡Impresionante! Su sabiduría significa que Él conoce siempre lo mejor.

El antiguo himno "De maneras misteriosas", escrito por William Cowper, capta muy bien la sabiduría de Dios. En la letra, Cowper declara la sabiduría de los caminos de Dios incluso en medio de la prueba. Nunca vamos a entender por completo los caminos de Dios, y la incredulidad gritará mentiras a nues-

---

6. *Merriam-Webster Online*, s.v. "wisdom", http://www.merriamwebster.com/dictionary/wisdom.

tros oídos acerca del carácter y la sabiduría de Dios; con todo, a su tiempo su grandiosa voluntad nos será revelada. Cowper no escribió el himno porque se gozara tremendamente en medio de sus penas. Cowper sufrió depresión, profundas dudas e intentos de suicidio.[7] Sin embargo, sus palabras viven en los himnarios y en los cultos de adoración. Lee la letra de su himno:

De maneras misteriosas
suele Dios aún obrar,
y así sus maravillas
por los suyos efectuar.

Él cabalga sobre nubes
y los vientos y tempestad
son sus siervos enviados
para hacer su voluntad.

¡Alentaos, pues, medrosos!
Estas negras nubes son
de sus bendiciones llenas;
traerán la salvación.

La incredulidad es ciega,
pues no mira más allá;
a la fe Dios se revela:
todo nos aclarará.[8]

En medio de su gran tribulación, Job declaró también la sabiduría de Dios. Podemos captar el concepto que tenía Job de Dios en sus palabras: "Él es sabio de corazón, y poderoso en fuerzas. ¿Quién se endureció contra Él, y le fue bien? (Job 9:4), y: "Con

---

7. "William Cowper", Hymnary.org, http://www.hymnary.org/person/Cowper_W.
8. https://www.himnos-cristianos.com/himno/de-maneras-misteriosas/.

Dios está la sabiduría y el poder; suyo es el consejo y la inteligencia" (Job 12:13).

Si recuerdas la historia de Job, sabrás que él lo perdió todo. Y cuando digo "todo", me refiero a todo lo que era importante para él. Job lo perdió *todo*. Al final de su historia cuando se arrepiente y entona alabanzas a Dios, Job proclama diciendo: "Yo conozco que todo lo puedes, y que no hay pensamiento que se esconda de ti" (Job 42:2). Job sufrió en gran manera y, a mi parecer, estaba muy confundido. Sus amigos no lograron consolarlo; Job incluso los llamó "consoladores molestos" (Job 16:2).

Sin embargo, Job se volvió a Dios y estaba convencido de la sabiduría de Dios aun en medio de gran sufrimiento y confusión.

¿Y qué hizo Dios? Restauró a Job y le restituyó su fortuna. Le dio el doble de ganado que poseía antes y le volvió a dar siete hijos y tres hijas. Job se reintegró a su familia y recuperó su amistad con otros. El Señor obra de maneras misteriosas. A mi modo de ver, el desenlace de Job resalta el conocido pasaje de Romanos 8. Creo que al final Job conoció una verdad acerca de Dios que ni siquiera se había declarado aún:

> Dios no hace nada en su soberana voluntad que no sea sabio y amoroso.

¿Qué, pues, diremos a esto? Si Dios es por nosotros, ¿quién contra nosotros? El que no escatimó ni a su propio Hijo, sino que lo entregó por todos nosotros, ¿cómo no nos dará también con él todas las cosas? ¿Quién acusará a los escogidos de Dios? Dios es el que justifica. ¿Quién es el que condenará? Cristo es el que murió; más aun, el que también resucitó, el que además está a la diestra de Dios, el que también intercede por nosotros. ¿Quién nos separará del amor de Cristo? ¿Tribulación, o angustia, o persecución, o hambre, o desnudez, o peligro, o espada? (vv. 31-35).

Dios no hace nada en su soberana voluntad que no sea sabio y amoroso, lo cual nos lleva a otro de sus atributos: su amor.

El amor de Dios

Aquí encontramos más noticias maravillosas. No servimos a un Dios que solo es soberano y solo es sabio. Él *también* es infinitamente amoroso. El amor de Dios es incomprensible. Somos incapaces de desentrañarlo, y cuando intentamos comparar nuestro amor con el amor de Dios, nos quedamos terriblemente cortas.

Ya hemos oído antes que Dios es amor. Y aunque esa afirmación es completamente verdadera, ha creado cierta confusión. No podemos y no deberíamos decir que Dios es solo amor y no ira, o que Dios es todo ira y no amor. Lo que Él es y lo que Él hace es igual. Muchas veces, mientras leo la Palabra de Dios y medito en sus atributos, me detengo y digo juntamente con David: "Tal conocimiento es demasiado maravilloso para mí; alto es, no lo puedo comprender" (Salmos 139:6). Cuando pienso en el amor de Dios, muchas veces me quedo pasmada de asombro. Me asombra que su amor al final se haya manifestado en la muerte de su propio Hijo unigénito, y me maravilla saber que en todo lo que Él hace sigue manifestando su amor. Si comparo mi amor con el suyo, mi amor es absolutamente ínfimo. Así pues, ¿qué es el amor de Dios y cómo lo vemos?

En primer lugar, Dios ama todo lo que Él hizo. En el principio, Él proveyó todo lo que podíamos necesitar; Él lo creó y dijo que era bueno en gran manera (Génesis 1:31). Cuando Adán y Eva pecaron (esto no sorprendió a Dios, porque es omnisciente), Él los castigó justamente por su desobediencia. No obstante, por su gran amor los vistió (Génesis 3:21) como un anticipo de las vestiduras que todos los que creen recibirán por medio de Cristo. Dios cuida incluso de las aves del cielo (Mateo 6:26). Estas son manifestaciones del amor de Dios. Y como lo expresa D. A.

Carson: "Todas las manifestaciones del amor de Dios nacen de esta realidad más profunda y fundamental: el amor es intrínseco a la naturaleza misma de Dios. Dios es amor".[9]

Exploremos el famoso pasaje bíblico donde encontramos la descripción: "Dios es amor". En 1 Juan 4, aparece un llamado apremiante a los cristianos a que se amen unos a otros. Juan explica que el amor no nace de nosotros. Si amamos es porque hemos "nacido de Dios" y "[conocemos] a Dios" (v. 7). Luego Juan dice: "El que no ama, no ha conocido a Dios; porque Dios es amor" (v. 8). Dios es amor. Todo lo que conocemos acerca de Dios está ligado de una u otra manera a su amor. Él nos ama con un amor eterno, un amor que existe desde antes de la fundación del mundo (Salmos 103:17; Efesios 1:4). Así lo expresa un comentarista: "'Dios es amor' significa que Dios da continuamente de sí mismo a otros y procura el bien de ellos".[10] Cada acto sabio de su soberanía insondable es un acto de amor.

Debemos entender esto cuando intentamos descifrar nuestra vida y entender plenamente a Dios. Él nos da pistas de su increíble amor, y la prueba más grandiosa de este es por medio de la sangre de Cristo. "En esto consiste el amor: no en que nosotros hayamos amado a Dios, sino en que él nos amó a nosotros, y envió a su Hijo en propiciación por nuestros pecados" (1 Juan 4:10). Es un amor que nunca podríamos comprender. El evangelio es la manifestación del amor del Señor en toda su plenitud. Dios amó al mundo y entregó a su Hijo para salvarlo (Juan 3:16). El evangelio nos motiva a confiar en Dios. Sabemos que Él es amor y que ha demostrado su gran amor al enviar a su Hijo perfecto a padecer la muerte de un pecador. Cuando sentimos temor podemos recordar que somos amadas y perdonadas, y que podemos descansar en Él.

---

9. D. A. Carson, *The Difficult Doctrine of the Love of God* (Wheaton, IL: Crossway, 2000), 39. Publicado en español por Andamio con el título *La difícil doctrina del amor de Dios*.

10. *ESV Study Bible*, ed. Wayne Grudem, comentario sobre 1 Juan 4:8.

La bondad de Dios

¿Podría decirse que Dios es todo amor y que por consiguiente es todo bondad? Creo que sí. Al principio del Salmo 107, la congregación proclama: "Den gracias al Señor, porque Él es bueno; su gran amor perdura para siempre" (v. 1, NVI). ¿Por qué dan gracias? Porque su amor perdura para siempre. ¿Por qué su amor perdura para siempre? Perdura porque Él es bueno. Él es un Dios bueno; es imposible separar su bondad de su amor. Aunque muchas veces el amor de Dios no nos parece lo que quisiéramos o lo que esperaríamos, sabemos que a los que aman a Dios todas las cosas les ayudan a bien, es decir, a los que conforme a su propósito son llamados (Romanos 8:28). Lo que Él hace es bueno y Él busca el bien de los demás. Incluso nos asegura que Él termina la buena obra que comenzó en cada creyente, porque Él es bueno y fiel (Filipenses 1:6).

Dado que somos tan conscientes de nuestra propia pecaminosidad, es difícil pensar que exista Alguien que sea verdaderamente bueno. Tú y yo dudamos de su bondad porque queremos pensar de Él en términos humanos. Debemos recordar que Él es puro, que en Él no hay tinieblas (1 Juan 1:5). Dios *es* bueno. Con todo, existe una razón más por la cual podemos descansar y confiar en Él. Él no actúa y no podría actuar por fuera de su bondad. Si Dios es amor, todo acerca de Él es también bondad.

Lo que todo esto significa para nosotras

Hemos analizado la soberanía, la sabiduría, el amor y la bondad de Dios. ¿Qué hacemos ahora con ese conocimiento? No adquirimos conocimiento por el simple hecho de saber más, ya que eso envanece (1 Corintios 8:1). Adquirimos conocimiento de Dios para adorarlo y temerle como conviene. Le tememos *porque* lo conocemos, con un conocimiento que es íntimo y que es iniciativa divina.

Este conocimiento que nos lleva a confiar en Dios supone

tomar todo lo que sabemos, creer que es verdad y ponerlo en práctica por medio de la oración y el descanso. Es sabio confiar en el Señor. Recuerda ese versículo en Proverbios 1 acerca del temor del Señor: "El temor del SEÑOR es el principio del conocimiento; los necios desprecian la sabiduría y la disciplina" (v. 7, NVI). La sabiduría es aplicar el conocimiento y, más específicamente, la Palabra de Dios.

Y lo que hacemos determina si tememos o no al Señor. Así pues, ¿qué es el "temor del Señor"?

Capítulo 9

El temor del Señor

En capítulos anteriores, dije que iba a retomar Proverbios 31. Sé que muchas están cansadas de este capítulo de la Biblia y puede que incluso a ti te incomode la idea de leer algo más acerca de este pasaje. Hace poco di una charla en la que presenté algunas reflexiones que había recopilado acerca de esta personificación de la sabiduría. Las respuestas a la charla fueron alentadoras y muy similares. Muchas mujeres expresaron impresiones como: "Siempre he temido oír acerca de la mujer de Proverbios 31. Yo no puedo estar a la altura de ella. Después de oír tu charla, me siento más animada a estudiarla de nuevo".

No digo esto para vanagloriarme. Estoy segura de que no logré comunicar el mensaje tan bien como me hubiera gustado. La verdad es que la mujer de Proverbios 31 ha sido idolatrada, lo cual es una lástima. Mucho se ha usado este capítulo y mucho se ha abusado de él. Pero no te preocupes. No voy a hablar aquí simplemente de lo virtuosa que es "ella". Creo que el Señor tiene algo para nosotras en este pasaje y que no se trata de una lista de tareas por cumplir.

Entonces, ¿por qué hablar de esta mujer? Estoy pensando en una sola razón y es que se trata de la Palabra de Dios. En 2 Timoteo Pablo nos dice: "*Toda* la Escritura es inspirada por Dios, y útil para *enseñar*, para redargüir, para corregir, para *instruir* en justicia, a fin de que el hombre de Dios sea perfecto, enteramente preparado para toda buena obra". Dios dice que sus palabras son útiles. Eso significa que, aunque el pasaje de la "mujer virtuosa" se use bien o mal, su Palabra no deja de ser verdadera. La mujer es un ideal al que debemos aspirar; ella está en un libro cuyo objetivo es enseñar sabiduría. Aun así, no cometas el error de convertir a esta mujer en tu pequeño "dios" y no intentes ser como ella, porque descuidarás el resto de las Escrituras y terminarás condenándote a ti misma cada vez que falles. No queremos caer en ese error. Lo que sí podemos hacer y debemos hacer es mirar su ejemplo, especialmente en lo que respecta al temor del Señor.

La mujer de Proverbios 31, también conocida como "la mujer virtuosa" o la "esposa excelente", es noble. Ella es respetuosa de su marido, es confiable y amable, es valiente y toma iniciativas, trabaja duro con sus manos y trabaja dentro y fuera del hogar, es sabia y respetada. También es generosa y considerada. Sus hijos la bendicen y la alaban.

Sin embargo, aun con todas esas virtudes, que sin duda la hacen extraordinaria, lo que debemos comprender es que el rasgo más importante de la mujer de Proverbios 31 no es lo que ella hace, sino a quién adora. Proverbios 31:30 dice que ella es una mujer que teme al Señor. Ese es el punto culminante de todo el poema. No se trata de lo que ella hizo perfectamente a lo largo de su vida; no se trata en absoluto de lo que ella logró. El punto culminante del poema es su temor del Señor. Eso nos recuerda que la belleza es pasajera y vana; en cambio, una mujer que teme al Señor será alabada.

Vemos el mismo tema en 1 Pedro 3:3-6. En este pasaje, Pedro

escribe a los creyentes en las provincias romanas de Asia Menor e instruye a las mujeres con estas palabras:

> Vuestro atavío no sea el externo de peinados ostentosos, de adornos de oro o de vestidos lujosos, sino el interno, el del corazón, en el incorruptible ornato de un espíritu afable y apacible, que es de grande estima delante de Dios. Porque así también se ataviaban en otro tiempo aquellas santas mujeres que esperaban en Dios, estando sujetas a sus maridos; como Sara obedecía a Abraham, llamándole señor; de la cual vosotras habéis venido a ser hijas, si hacéis el bien, sin temer ninguna amenaza.

Cuando tememos y reconocemos al Señor nos llenamos de la paz que nuestro corazón anhela.

En el siglo primero, las joyas eran un símbolo de riqueza. Así que Pedro dice en términos sencillos: "No alardeen". Que su adorno sea el de un espíritu afable y apacible.

¿Qué es un espíritu afable y apacible? Un espíritu afable y apacible solo nace de la confianza y del temor del Señor. Cuando describe a la mujer que posee un espíritu afable y apacible, Pedro usa el ejemplo de Sara, que no temía ninguna amenaza. ¿No te parece alentador que no se refiera a algún tipo de personalidad? Afable y apacible no significa una mujer callada. Se refiere a una actitud del corazón. ¿Quién hubiera pensado que un aspecto considerable de nuestra femineidad estuviera marcado por este glorioso llamado a temer al Señor?

A medida que crecemos en nuestro entendimiento de la bondad y de la soberanía de Dios, lo cual nos reviste de la armadura necesaria para permanecer en una actitud de asombro y reverencia delante del Señor en vez de vivir con temor a nuestras circunstancias, nuestro ser interior empieza a transformarse; la ansiedad da paso a la tranquilidad y la angustia a la afabilidad.[1] Cuando tememos y reconocemos al Señor, nos llenamos de la paz que nuestro corazón anhela. Pero ¿qué significa temer al Señor?

¿Qué es el temor del Señor?

Recuerdo que cuando aprendía acerca de la soberanía de Dios, en lugar de *temer* al Señor empecé a vivir *temerosa* de Él. Me preguntaba si Dios era un dictador tiránico y me sentí asustada, incluso aterrorizada, como si Dios fuera a derramar desdichas sobre mi vida y yo no pudiera controlarlo. Sé que no soy la única mujer con esta lucha y con esta comprensión equivocada del temor del Señor. Por fortuna, eso no es lo que significa temer al Señor.

Juan nos dice en 1 Juan 4:18-19: "En el amor no hay temor, sino que el perfecto amor echa fuera el temor; porque el temor lleva en sí castigo. De donde el que teme, no ha sido perfeccionado en el amor. Nosotros le amamos a él, porque él nos amó primero". El temor al que se refiere Juan aquí tiene que ver con la ira de Dios o el juicio final. Mi temor del Señor no se basaba en pensamientos acerca de su amor por mí como su hija amada. En lugar de eso, me acercaba a Dios como si la ira que Él descargó sobre su Hijo en mi lugar todavía estuviera reservada para mí. En otras palabras, me costaba reconciliar las luchas y las circunstancias adversas que encontraba con el amor de Dios, y las consideraba como indicadores de su ira. Yo pensaba: *¿Hice algo mal?* Esa no es la manera en que el Señor actúa con quienes lo aman y le temen. Su ira ha sido satisfecha por completo en Cristo.

Por eso es tan importante entender que Él es amoroso y bon-

---

1. Trillia Newbell, "The Feminine Focus", en *Good: The Joy of Christian Manhood and Womanhood*, eds. Jonathan Parnel y Owen Strachan (Minneapolis, MN: Desiring God, 2014), libro electrónico, 40-46.

dadoso, lento para la ira y pródigo en amor. "El gran amor del
SEÑOR nunca se acaba" (Lamentaciones 3:22, NVI).

Antes bien, el temor del Señor puede manifestarse de muchas
formas, pero para fines de este libro, el "temor" debe entenderse
como asombro y reverencia ante Dios, por-
que sabemos que el Señor "es Dios grande, y

> Temer al Señor no
> es tener miedo de
> Él. Es estimarlo por
> encima de todo.

Rey grande sobre todos los dioses" (Salmos
95:3). El temor del Señor empieza en el corazón. La manifestación externa del temor del
Señor es obediencia, comunión y adoración.
Grande es el Señor y digno de ser alabado.
La respuesta frente a su majestuosidad es
postrarnos en adoración. "Venid, adoremos
y postrémonos; arrodillémonos delante de Jehová nuestro Hacedor" (Salmos 95:6). En términos prácticos, el temor del Señor se
manifiesta en la obediencia. En momentos en los que soy tentada
a pecar y no peco, no es porque mi inclinación natural sea hacer
lo bueno. De hecho, Pablo tenía razón cuando dijo que cuando
deseamos hacer el bien, el pecado está ahí listo a la puerta (ver
Romanos 7:21). Yo obedezco al Señor porque tengo su Espíritu
y deseo honrarlo. Le temo.

Temer al Señor no es tener miedo de Él. Es estimarlo por
encima de todo. Es adorarlo. Es honrarlo. Es ponerlo en el lugar
correcto de nuestro pensamiento. El temor del Señor es, en
muchos sentidos, honrar el primer mandamiento: "No tendrás
dioses ajenos delante de mí" (Éxodo 20:3; Deuteronomio 5:7) y
honrar el gran mandamiento: "Amarás al Señor tu Dios con todo
tu corazón, y con toda tu alma, y con toda tu mente" (Mateo
22:37). Nuestra respuesta a nuestro Creador es gozo, gratitud
y temor reverencial. "Así que, recibiendo nosotros un reino
inconmovible, tengamos gratitud, y mediante ella sirvamos a
Dios agradándole con temor y reverencia; porque nuestro Dios
es fuego consumidor" (Hebreos 12:28-29).

Capítulo 10

Cuando tus temores se hacen realidad

*A*unque fue inesperado y repentino, pareció una eternidad. El teléfono sonó: "Tu hermana está en el hospital". Al principio no me preocupé mucho. Le dije a mi esposo que parecía que se trataba de algo serio, pero sentí la seguridad de que la iban a dar de alta. Al cabo de un rato, otra llamada: "Parece grave". Unas horas más tarde: "Falleció".

Apenas tuve tiempo de procesar la realidad de lo que acababa de suceder. Era el cumpleaños de mi hermana (tenía cuarenta años) y acababa de pasar a la eternidad. Sobra decir que esa noche y las semanas siguientes fueron muy duras. Tuve que encargarme de las diligencias necesarias cuando un ser querido fallece, algo que nunca pensé que tuviera que hacer tan pronto. Mi hermana mayor tenía un corazón deficiente que falló y le costó la vida, y todos quedamos con nuestros corazones rotos. Mi temor a la muerte prematura y a las pérdidas repentinas, aquello que esperaba que nunca sucediera, se había hecho realidad. Sabíamos que mi hermana estaba enferma, pero teníamos la esperanza de su sanidad.

Desde ese día, he lamentado su muerte de varias maneras. He tenido momentos de gran esperanza. Sé que un día la muerte desaparecerá. Sé que la muerte ya ha sido derrotada gracias a la obra de nuestro Salvador. La verdad de estos versículos me infunde un gran anhelo por el cielo, por aquel día en el que ya no habrá más lágrimas ni dolor, sino gozo eterno. Ese día viene y será glorioso. Y también he tenido días en los que mis lágrimas podrían llenar un río. Lloro por nuestra pérdida. Me faltan las palabras. Sí, tengo esperanza, pero aun así siento una pesadez indescriptible que ni siquiera intento explicar. Simplemente lloro.

Alguien dijo una vez que si vives lo suficiente *vas* a experimentar aflicción. El cristianismo no promete una vida fácil; antes bien, Dios promete perdón y nos brinda descanso, misericordia y gracia. En su bondad, Dios también nos advierte que tendremos aflicciones. Y algunas de esas aflicciones pueden ser tus peores temores hechos realidad. En el capítulo 4, comenté que algunos de mis temores se han hecho realidad. Cuando eso sucede, ¿qué pensar? ¿Sigue Dios siendo bueno? ¿Cómo reconcilio su soberanía con las aflicciones en mi vida? ¿Cómo puede el temor del Señor darme consuelo y esperanza cuando aquello que temo se hace realidad?

Has confiado y esperado y, a pesar de eso, sigues soltera; te casas y, al cabo de unos meses, pierdes a tu cónyuge. Has cuidado de tu cuerpo con gran esmero toda tu vida, rara vez te enfermas, te contagias de algo que parece una gripa, vas al médico y descubres que tienes cáncer en los huesos. Crías a tus hijos en un ambiente amoroso y estable, les enseñas las Escrituras, ellos crecen y tu hijo o hija abandona el hogar. Te metes en líos financieros y pierdes tu casa. Estas no son situaciones imaginarias ni simples ilustraciones. Son historias de aflicciones de mis amigas, personas a las que conozco personalmente y han enfrentado dificultades a pesar de todos sus esfuerzos por vivir de cierta manera (un estilo de vida saludable, enseñar la Biblia a sus hijos, esperar para casarse, etc.). Aunque son situaciones muy diferentes, cada una merece atención particular y todas requieren un nivel de confianza en el Señor que solo puede venir del Espíritu. Aunque yo estudié para convertirme en consejera, no ejerzo como tal, y algunas de estas situaciones requieren un profesional capacitado. Sin embargo, sé que todas tenemos la misma Biblia y el mismo Dios de gracia a quien podemos acudir en tiempos de angustia. Mi oración es que los capítulos que he presentado provean la respuesta a las preguntas que surjan cuando tus temores se hacen realidad.

Conocer a Dios y su Palabra nos permite enfrentar nuestros temores con fe. Sabemos que Dios es real. Cuando el sol se pone y se oculta en el horizonte, dejando un haz de luz cálida que ilumina el cielo, sabemos con toda certeza que Dios es el Creador trascendente del universo. Pablo nos dice que los atributos invisibles de Dios, es decir, su eterno poder y deidad, han sido percibidos claramente desde la creación del mundo, de modo que no tenemos excusa (Romanos 1:20). Nadie puede realmente negar la existencia de Dios. La creación canta la majestad de Dios y sus obras poderosas. La creación de Dios proclama su gloria y constituye otro recordatorio de que Él es santo, majestuoso, inigualable.

Y puesto que Dios es diferente de nosotras, podemos confiar en Él plenamente. Además de revelarse por medio de su creación, Dios también se revela por medio de su Palabra. En el Salmo 19, el pueblo de Dios celebra la ley (torá) como la revelación suprema de sí mismo. La Palabra del Señor es perfecta, restauradora y vivificante para el alma. Permanece para siempre. El autor de Hebreos nos recuerda que las Escrituras en su totalidad son útiles y perfectas:

> Porque la palabra de Dios es viva y eficaz, y más cortante que toda espada de dos filos; y penetra hasta partir el alma y el espíritu, las coyunturas y los tuétanos, y discierne los pensamientos y las intenciones del corazón. Y no hay cosa creada que no sea

manifiesta en su presencia; antes bien todas las cosas están desnudas y abiertas a los ojos de aquel a quien tenemos que dar cuenta (Hebreos 4:12-13).

La Palabra es viva, activa, cortante, penetrante. Discierne y revela las intenciones de tu corazón. Los cristianos experimentan esta revelación de sus corazones y son conscientes de su depravación cuando llegan a la salvación y a lo largo de su andar cristiano. A medida que entendemos la santidad y la majestad de Dios y los mandamientos de su ley perfecta en contraste con nuestra pecaminosidad, al igual que el salmista no podemos evitar discernir nuestro error y nuestras faltas morales (Salmos 19:12-13). Como Isaías, nos humillamos y clamamos: "¡Ay de mí, que estoy perdido! Soy un hombre de labios impuros" (Isaías 6:5, NVI).

> Es solo en la Palabra de Dios que Él se revela verdaderamente y es allí donde Él te da las herramientas para enfrentar las tragedias.

Al final, el salmista ofreció un sacrificio de palabras y meditaciones aceptables. Tú y yo podemos tratar de ofrecer nuestros propios sacrificios de buenas obras en un esfuerzo por ganarnos el favor de Dios. Sin embargo, ya no tenemos que ofrecer sacrificios, porque el sacrificio supremo ha saldado el precio. Jesús es amigo de los pecadores. Jesús, el Hijo de Dios, murió para cumplir tanto la ley como las promesas de su venida. Ahora podemos recibir su gracia y cantar el Salmo 19 para celebrar su perfección y redención.[1]

Aun así, no podemos cantar, no podemos conocer verdaderamente la plenitud de todo lo que Dios tiene para nosotras y todo lo que Él *es* para nosotras, a menos que primero nos deleitemos en la Palabra. No queremos esperar hasta que nuestros temores

---

1. Trillia Newbell, "Creator, Redeemer, Friend", en *ESV Women's Devotional Bible*, © 2014 Crossway, un ministerio editorial de Good News Publishers. Usado con permiso. Todos los derechos reservados.

se vuelvan realidad. Queremos prepararnos desde ya. Puedes leer un libro tras otro, pero es solo en la Palabra de Dios que Él se revela verdaderamente y es allí donde Él te da las herramientas para enfrentar las tragedias.

Dado que el Señor es un Dios generoso y amoroso, también ha provisto su Espíritu y su Hijo para consolarnos. Pablo nos garantiza ese consuelo:

> Bendito sea el Dios y Padre de nuestro Señor Jesucristo, Padre de misericordias y Dios de toda consolación, el cual nos consuela en todas nuestras tribulaciones, para que podamos también nosotros consolar a los que están en cualquier tribulación, por medio de la consolación con que nosotros somos consolados por Dios. Porque de la manera que abundan en nosotros las aflicciones de Cristo, así abunda también por el mismo Cristo nuestra consolación. Pero si somos atribulados, es para vuestra consolación y salvación; o si somos consolados, es para vuestra consolación y salvación, la cual se opera en el sufrir las mismas aflicciones que nosotros también padecemos (2 Corintios 1:3-6).

Al igual que yo, en algún momento de la vida, tú experimentarás pérdidas (si no las has vivido ya). Si vives lo suficiente, es inevitable que alguien a quien amas entrañablemente pase a la eternidad y tú quedes afligida, en duelo y soportando un dolor para el que estabas o no preparada. Aunque la muerte supone un aguijón y una batalla singular, no es la única prueba que puede sobrevenir. Con todo, no estarás sola. Jesús será tu consuelo, "porque de la manera que abundan en nosotros las aflicciones de Cristo, así abunda también por el mismo Cristo nuestra consolación".

Aunque Cristo vivió sobre la tierra de manera perfecta por causa nuestra, las Escrituras nos recuerdan que Él no quedó exento de tribulación. Y no me refiero a la batalla más grande que tuvo que librar (la cruz). El autor de Hebreos dice: "Porque no tenemos un sumo sacerdote que no pueda compadecerse de nuestras debilidades, sino uno que fue tentado en todo según nuestra semejanza, pero sin pecado" (Hebreos 4:15). Jesús fue tentado por Satanás durante cuarenta días (Marcos 1:12-13). Isaías, profetizando acerca del Señor, afirma que Jesús, nuestro Salvador perfecto, fue menospreciado y rechazado por los hombres; Él fue un hombre experimentado en dolores y quebranto (Isaías 53:3). Jesús conoce el sufrimiento. Él entiende las penas humanas.

Sabemos que su mayor sufrimiento fue, en efecto, el que experimentó en la cruz. En su hora final, Marcos relata que Jesús dijo: "Eloi, Eloi, ¿lama sabactani? que traducido es: Dios mío, Dios mío, ¿por qué me has desamparado?" (Marcos 15:34). Su dolor y su sufrimiento tenían un propósito, la redención del mundo. Él soportó gran dolor, un dolor que yo apenas puedo imaginar, dolor e ira por mí.

Somos partícipes de los sufrimientos de Cristo por causa de su nombre. Por otro lado, también recibimos su consolación por medio de su Espíritu y por el evangelio. Somos privilegiadas por tener un Salvador que se identifica con nuestro sufrimiento. Jesús conoce bien y ha experimentado las aflicciones humanas. Él está familiarizado con mi sufrimiento y con el tuyo. Y Él quiere consolarte hoy diciéndote que no estás sola. Él está contigo, intercediendo por ti ahora mismo.

Consuela a otros con el consuelo que has recibido

Hay algo reconfortante en saber que no estás sola en una lucha. Las Escrituras nos llaman a consolar a otros con el consuelo que hemos recibido. El dolor y el sufrimiento de Jesús tenían un propósito extraordinario, y nuestro dolor y sufrimiento también cumplen un propósito. Como dijo Pablo a los Corintios, uno de los numerosos propósitos del sufrimiento es que podemos consolar a otros con el consuelo que hemos recibido de nuestro Señor.

En este capítulo, quiero ofrecerte algunas historias de mujeres cuyos temores se han hecho realidad y cómo el Señor dio su provisión en esos momentos difíciles. Estas historias me inspiraron al imaginarme a mí misma viviendo situaciones similares. Las historias me recuerdan que el Señor es cercano y que puedo clamar a Él en mi tiempo de necesidad.

Uno de los numerosos propósitos del sufrimiento es que podemos consolar a otros con el consuelo que hemos recibido de nuestro Señor.

Donna: La pérdida de un esposo

Me llamo Donna Mitchell. Mi familia y mis amigas cercanas me llaman DJ; también me llamaba así mi difunto esposo.

Tengo cincuenta y cuatro años.

Estuve casada con Richard durante veintitrés años, dos meses y veintitrés días hasta que falleció en un accidente automovilístico el 30 de enero de 2004. Tenía cuarenta y dos años. Mientras él conducía tarde en la noche, se quedó dormido al volante y chocó de frente con un camión de dieciocho ruedas. Murió en el instante. El camión cayó en un dique, pero por fortuna el conductor logró salir ileso.

He descubierto que cuando ocurren tragedias como esta *necesito* buscar la mano de Dios y su misericordia. El jefe de mi esposo (un gran amigo) y su esposa condujeron hasta mi casa a las tres de la mañana para darme la noticia a mí y a mi hijo, que en ese momento tenía dieciséis años. Llamé a otra amiga de la iglesia que vivía cerca y ella vino a acompañarme. Nuestros amigos me llevaron a mí y a mi hijo a Chattanooga para contar la noticia a mis dos hijas, que tenían en ese momento veinte y veintidós años. Puedo recordar que oré todo el trayecto y creo que Dios me dio una imagen de mí misma sentada, abrazando mis rodillas, cabizbaja, pero en la palma de su poderosa diestra. A pesar de que estaba consternada, sabía que estaba en las manos de Dios y que todo lo que estaba experimentando había pasado por sus manos cuidadosas.

Hay una paz indescriptible cuando caminas con el Señor para enfrentar las adversidades. (La mayor parte del camino Dios me llevó). Richard era cristiano y me consuela en gran manera saber que un día lo veré otra vez. Una de mis dichas más grandes era verlo adorar en la iglesia, de modo que ahora, cuando estoy triste, recuerdo que él está adorando en el cielo.

Han pasado once años desde que Richard fue a casa para estar con el Señor. Y aunque estos años no han sido fáciles, Dios ha permanecido fiel. Desde lo sucedido, mis tres hijos han terminado la universidad y yo también pude terminar mis estudios. Es algo que mi esposo siempre soñó que hiciéramos todos. Dios me ha mostrado que Él es mi proveedor. Él me ha mostrado lo que es su iglesia, su cuerpo, y cómo Él provee para nosotros por medio de sus hijos que creen en Él. Doy gracias a Dios a menudo por los amigos que me acompañaron a lo largo de esta prueba. Hay hombres en la iglesia que se han ofrecido a acompañar y aconsejar a mi hijo. Los solteros y los jóvenes han ayudado en casa con diversos proyectos. He recibido consejo financiero y legal de hombres en la iglesia que ofrecieron su tiempo sin cobrar. ¡Podría seguir y seguir! Considero todo esto una evidencia práctica de la fidelidad con la que Dios cuida de mí. Estoy agradecida y sin palabras para expresar lo mucho que Él me ha permitido crecer y me ha bendecido en medio de esa tragedia. Él es lo que Él dice que es.

Anónimo: Una hija y la pornografía

Respecto a la crianza de mis hijos pequeños, tengo muchos temores. Todas mis imaginaciones de "lo que podría pasar..." se vuelven abrumadores cuando considero mi falta de experiencia y de sabiduría, mi propio pecado y lo descompuesto que está este mundo en que vivimos. Sin embargo, el Señor ha sido (y sigue siendo) bondadoso en obrar en mi debilidad. El aterrador prospecto de criar a mis hijos en esta cultura obsesionada con el sexo es un área en la que Dios me ha mostrado su misericordia para conmigo, a pesar de mis temores. Cuando leo las estadísticas alarmantes acerca de los hijos y de su exposición a la pornografía, siento que voy a estallar.

Mis temores y la bondad de Dios chocaron una tarde en la que su misericordia prevaleció. Pasé de la sala a una habitación para amamantar a mi bebé; cuando regresé unos minutos después encontré a mi hija de primer grado con mi computadora abierta en varias ventanas y mi iPad buscando imágenes ilícitas. Más adelante ella me dijo que su mejor amiga (otra niña de siete años) le había dado la idea. La niña le había confesado a mi hija que cada mañana ella había estado mirando "besos raros" en su iPad antes de que sus padres se levantaran. Por pura curiosidad, mi hija decidió que iba a intentar hacer una búsqueda en Google para ver qué pasaba. Cuando comprendí la gravedad del asunto, me di cuenta de que precisamente aquello que yo había temido acababa de ocurrir en el par de minutos que pasé en la habitación contigua. Fue algo demasiado duro para mí, de modo que corrí al baño, vomité y lloré. Le imploré al Señor que me ayudara: "Ten misericordia, Dios. ¡Solo tiene siete años! ¡Ayúdanos, ayúdame! ¡Protege a estos bebés!".

Cuando salí de la habitación, tomé mi iPad y examiné

el historial. Mi hija intentó buscar una frase que su amiga le había recomendado, pero en varias ocasiones falló porque escribió mal las palabras. Cada intento de búsqueda había fallado porque no había escrito las palabras correctamente, y en ello vi el triunfo de la misericordia de Dios. Hasta el día de hoy, me conmueve recordar esa tarde cuando vi que el Señor es poderoso para salvar y librar a los indefensos. Él protegió a mi hijita cuando yo estaba distraída. Recordar su soberana bondad me lleva a someterme a Él, a arrepentirme de mi idolatría de control y a renunciar a mis temores de perder el control.

Nikki: El temor al hombre y un matrimonio en problemas

Viajemos de vuelta a 2001… yo tenía veintiún años y vivía con temor al hombre, era una mujer insegura respecto a mi apariencia física, me comparaba constantemente con otras mujeres y nunca me sentía amada. Estaba en mi primera relación seria, una relación plagada por los celos y el enojo que salían de mi propio corazón. Sentía celos cuando una joven bonita se sentaba junto a nosotros en un restaurante y enojo cuando mi novio la miraba siquiera. A pesar de que crecí como cristiana, estaba obsesionada con lo que pensaban de mí los demás y vivía temerosa de no dar la talla.

Aunque a todas luces me costaba confiar en la identidad y en el valor que tengo en Cristo, me parecía fácil confiar a Cristo otras áreas más complicadas. Por ejemplo, estuve dispuesta a ir a otros países e incluso a los lugares más peligrosos del mundo para comunicar el evangelio. ¡Pensaba que si moría como mártir ganaría a Cristo! ¿No les parece extraño? Me sentía cómoda ante la posibilidad de morir, ¡pero no lograba confiar en Cristo respecto a mi temor al hombre! De hecho, confiaba en Cristo casi para todo, me sentía desafiada por la Palabra, rendía cuentas de mi vida a mis amigas y "hacía todo bien"; a pesar de todo, cedía una y otra vez al pecaminoso temor al hombre.

Mi relación amorosa terminó después que mi novio se cansó de mis escenas de celos y enojo, y de mis inseguridades. Al cabo de dos años, encontré a mi futuro esposo. Aunque pude ocultar mi temor al hombre por un tiempo, al final salió a la luz durante nuestro compromiso. Los mismos temores que había experimentado antes salieron de mi corazón en forma de celos amargos y enojo descontrolado. Estallaba y luego me disculpaba una y otra vez. Fue un período oscuro en nuestra relación.

¡Pero Dios...!

Durante nuestro primer año de matrimonio, mi esposo insistió en que consultáramos juntos a un consejero. Todo iba bien para mí mientras exigía a mi esposo que me elogiara constantemente. Yo lo hacía por mi temor a que él encontrara a otra mujer más atractiva o interesante. Me aterrorizaba la posibilidad de que me engañara con otra mujer más alta o voluptuosa. Aunque él nunca me dio motivos para creer que esto sucediera, el oscuro temor estaba arraigado en mi corazón. No importaba lo que mi esposo hiciera o dijera; el temor estaba ahí y no tenía planes de irse.

Cuando empezamos a ver al consejero bíblico, este no tardó en percatar la raíz del problema: temores irracionales. Como cristiana, ¿a quién debo temer? ¿A Dios o al hombre? Para mí era muy fácil temer al hombre. Era algo natural. Pero ¿confiar en Dios en medio de cualquier circunstancia, aun cuando me sentía fea e indigna? ¡Eso parecía imposible! Los defectos que me veía eran muchos: mi nariz era demasiado grande, mi estatura demasiado baja, mi cabello demasiado simple, mis piernas demasiado gruesas, mi voz demasiado nasal, solo para nombrar unos pocos. ¿Cómo iba a confiar en el Señor cuando me obsesionaba con sentirme como un gran desastre sin atractivo alguno?

Además de la consejería, mi esposo y yo oramos juntos, leímos juntos libros y artículos, y nuestra confianza mutua creció. Fue un proceso lento, pero empecé a confesar mis sentimientos de temor a medida que afloraban. Empecé a aprender a detectar esos sentimientos antes de que se salieran de control. Tan pronto los detectaba, podía confrontarlos con la espada más cortante de doble filo, ¡la Palabra de Dios! Combatí pensamientos como: "Ella es más bonita que tú y tu esposo va a notarlo", con la confesión: "No temas, porque yo estoy contigo; no desmayes, porque yo soy tu Dios que te esfuerzo; siempre te ayudaré, siempre te sustentaré con la diestra de mi justicia" (Isaías 41:10). De repente, ¡mi corazón volvía a enfocarse en Dios y no en mí misma! Con el paso del tiempo, cuando veía a una joven exhibir con coquetería su cuerpo esbelto delante de mi esposo, yo ya no saltaba de inmediato a la conclusión de que él la deseaba. Ahora me predico a mí misma 2 Timoteo 1:7: "Pues Dios no nos ha dado un espíritu de temor y timidez sino de poder, amor y autodisciplina" (NTV). Ahora confío en mi esposo que también me ayuda con su mirada para brindarme seguridad.

Hacia el tercer año de matrimonio, mi lucha con el temor al hombre casi había desaparecido. El Señor había estado usando su poderosa Palabra, un esposo fiel y la consejería bíblica para cambiarme. Nuestro matrimonio llegó a caracterizarse por el gozo y la paz, en lugar del enojo y los celos.

En nuestro octavo año de casados, todavía hay una

pizca de inseguridad en mí, pero el estandarte general de mi vida es la confianza en el Señor. Es una victoria asombrosa y no puedo gloriarme de ella. Yo era la pecadora más confundida y abrumada por problemas profundos. Por eso me gusta mirar en retrospectiva los últimos doce años de mi vida y ver la evidencia clara de la obra asombrosa del Señor. Dejada a mi suerte, todavía estaría batallando con las mismas viejas inseguridades y tal vez incluso peor. En cambio, Dios tenía otros planes y por ello estoy infinitamente agradecida.

Katie: La soltería y el temor al futuro

El temor al futuro incierto atormenta a muchas personas. Como mujer soltera, no soy ajena a esto. En un sentido específico, he experimentado mucha ansiedad frente a la idea de estar sola y ser independiente el resto de mi vida. Desde la escuela secundaria, recuerdo que temía que algún día Dios me llamara a la soltería. Me aterrorizaba la idea de que un día tuviera que depender de mí misma para todo. En esa etapa de mi vida, estaba acostumbrada a depender de otros. Tenía a mis padres y a mis hermanas mayores, de quienes dependía para todo. No podía imaginar un día en el que viviera por cuenta propia sin nadie para protegerme o proveer para mí. Recuerdo que pasaba noches implorando al Señor que me permitiera casarme joven.

Cuando me gradué de la secundaria y fui a la universidad, aprendí a volverme más independiente. A pesar de eso, siempre veía mi independencia como algo transitorio. Esperaba que al graduarme (o poco después) ya estuviera casada. Solo tenía que vivir por cuenta propia unos pocos años. Aun eso no era verdadera independencia, porque mis padres seguían apoyándome económicamente. Sí, estaba aprendiendo independencia en algunos aspectos, pero me consolaba el hecho de que seguía dependiendo de otras personas.

La universidad llegó a su fin sin boda, de modo que empecé a estudiar en el seminario siendo soltera. Durante ese tiempo, aunque me había vuelto más independiente, seguía pensando que era un estado provisional. Estaba segura de que iba a casarme en breve. Sin embargo, hacia el final de mi carrera en el seminario, parecía que la soltería a largo plazo iba a ser parte de mi futuro. Estaba casi paralizada de temor cuando comprendí que era posible que permaneciera sola el resto de mi vida. Todavía me aterrorizaba la idea de ser completamente independiente y de tener que depender de mí para todo. Mientras muchas amigas mías se casaban, el temor y la soledad se volvieron más reales. Toda mi vida había esperado el día en el que tuviera un esposo amoroso que me brindara protección y provisión. Me aterrorizaba que mi futuro me deparara solo oscuridad, tristeza y soledad, que nunca me sintiera completa, ni segura, importante o amada.

Desde que me gradué del seminario en 2010, el Señor me ha enseñado mucho acerca de la soltería. Él me ha mostrado que, en realidad, es un regalo maravilloso de su gracia. Él me ha permitido entender y creer verdaderamente que Él está siempre conmigo y que ha prometido no dejarme jamás. Él ha prometido cuidar de mí. Él ha prometido que será mi protección y mi provisión. Él me ha hecho completa por medio de su Hijo, Jesucristo, y me ha concedido, en su gracia, un consuelo sobrenatural en Él. Ahora siento una gran paz en mi soltería e incluso emoción de ver cómo Él va a usarla. Ya no me asedia la idea de estar sola el resto de mi vida. Ya no me aterroriza ser independiente. Antes bien, sé que mi independencia es, en realidad, mi absoluta dependencia de Dios para todo lo que necesito. Claro, no todos mis temores se han disipado. Todavía me incomoda no saber lo que me depara el futuro. Puede que el temor de nunca casarme ya no me paralice, pero a veces resurgen temores acerca de seguir soltera a largo plazo. ¿Significa eso que tendré que quedarme en mi trabajo actual por el resto de mi vida? ¿Significa que el Señor me llamará a algo totalmente desconocido para mí? ¿Seré realmente tan útil para el reino siendo soltera como las mujeres que son casadas? ¿Me acostumbraré tanto a mi independencia que no seré capaz de convertirme en una esposa sumisa dado el caso? A pesar de estos temores que persisten, al final yo elijo confiar en la soberanía del Señor. Elijo confiar en Él cuando dice que perfeccionará la obra que ha empezado en mí (Filipenses 1:6). Elijo confiar en su promesa de que todo lo que sucede en mi vida es en verdad para mi bien (Romanos 8:28). Elijo confiar en su promesa de que suplirá todas mis necesidades (Lucas 12:22-31). Y, ante todo, elijo glorificarlo en toda circunstancia con tal de brillar con su luz y su verdad en este mundo caído y descompuesto.

Lindsey: La pérdida de una amiga y el temor al rechazo

Yo temía tener amistades, porque había experimentado una gran decepción después que dije algo ofensivo a una amiga muy querida. A pesar de que me disculpé y me arrepentí, mis palabras no pudieron reparar el daño que habían causado. La relación no volvió a ser igual. Ella tomó su camino, yo tomé el mío y la separación me dejó con el corazón roto. Por causa de ese solo malentendido, mi necedad y su rechazo, yo me volví temerosa en todas mis amistades.

El miedo a decepcionar, herir o perder a otra amistad me hizo construir muros de autoprotección alrededor de mi corazón. Evité la autenticidad y la vulnerabilidad con amigos de toda la vida, por el temor a ser demasiado abierta, a cometer errores y a ser malinterpretada. En última instancia, temía volver a sentirme herida, así que rechazaba a los demás antes de que pudieran rechazarme a mí.

Protegerme a mí misma se convirtió en un esfuerzo muy solitario. Extrañaba el afecto y el apoyo de las amigas y ser parte de sus vidas. Extrañaba oír sus peticiones de oración y el consuelo de saber que ellas también oraban por mí. Por medio del dolor, el Señor me enseñó que la amistad es un riesgo que vale la pena correr, no porque las personas son dignas de confianza, sino porque Él es digno de confianza. Incluso, si alguien me lastima, Él redime toda situación. Puesto que Él me ha llamado a la comunión con otros creyentes, debo batallar contra todo temor que me impida invertir en las relaciones con otras personas.

Cuando no puedo restaurar una relación, cuando me lastiman o rechazan, no pierdo la esperanza. En Dios hay esperanza para batallar por la restauración de una relación, incluso cuando las personas no están dispuestas a hacerlo. Sé que puedo confiar en Dios para redimir las relaciones más desastrosas, porque Él envió a su Hijo a redimir el desastre que había en mi vida. Dado que Cristo sufrió el peor dolor posible, mi sufrimiento en las relaciones es una invitación a tener comunión con Cristo. Mi dolor es una oportunidad para glorificar a Dios cuando experimento conflicto y sufrimiento. Por

causa del evangelio, la peor situación que me puede
sobrevenir ya no es el rechazo o la pérdida de amigos.
Puedo confiar en la soberanía de Dios en mis relaciones
y ya no tengo que temer.

Estas son historias de espera, de pérdida y de temor. Puede
que no experimentes las mismas luchas y tribulaciones, pero ¿no
te parece edificante ver la fidelidad de Dios en las vidas de mujeres reales? Esto es vida real, amigas. No estás sola, porque tienes
a Dios, y no estás sola, porque muchas mujeres como tú han
experimentado su propio dolor. Estas mujeres están dispuestas
a contarte sus historias a fin de proclamar a Jesús y consolarte
con el consuelo que han recibido.

Mencioné que la Palabra de Dios nos ayudará a guiarnos y
a protegernos cuando nuestros temores se hacen realidad. Sin
embargo, sabemos bien que gran parte de lo que tememos nunca
va a suceder realmente. Como mencioné antes, tus temores pueden ser el resultado de una situación que nada más es producto de
tu imaginación. En su momento y cuando quedas paralizada por
el temor, puede parecer muy real. ¿Cómo podemos batallar contra esos temores que solo son reales en nuestra mente? Usando la
Palabra como su guía y su escudo, Megan nos cuenta cómo perdió
una noche a su esposo en su mente y cómo el Señor la reconfortó.

Megan: La noche en que Rob murió

Estaba lavando los platos. Con cada ruido que hacía
un tenedor al golpear un cuchillo y cada chirrido de la
esponja en el vidrio, imaginaba esperanzada que oía la
puerta del auto cerrarse en el camino de la casa, el sonido
de la llave en la cerradura, la sacudida de los enormes
zapatos en el tapete de la entrada. Sin embargo, los platos

resplandecientes quedaban terminados, tibios y húmedos, y yo seguía sola.

¿Dónde estaba? ¿Había muerto?

Siempre había temido perder a mi esposo y esa noche no fue la excepción. Dentro de mi anillo de bodas, estaban inscritas las palabras: "Coheredera con Rob", una referencia a 1 Pedro 3:7: "Maridos… vivid con ellas sabiamente… como a coherederas de la gracia de la vida". Desde el día en que mi padre, que era también el ministro que ofició la boda, nos declaró marido y mujer, yo creí que habíamos recibido la gracia de la vida. Sin embargo, también recordaba constantemente "hasta que la muerte nos separe", y durante los últimos nueve años yo había conocido también esa verdad. En medio de nuestra vida juntos, estábamos en muerte.

Yo era incapaz de imaginar vivir sin él, mi esposo, amante, amigo y hermano. Y con cada hijo que se sumó a nuestra familia, mi temor de que él muriera aumentaba. Con tres niños pequeños protegidos bajo sus mantas, mi necesidad de mi esposo se volvió desesperación.

Cuando Rob no llegaba a casa a la hora que había dicho, cuando no respondía una llamada, cuando el reloj marcaba los minutos y se hacía más oscuro, yo sentía un temor cada vez más y más hondo. Temía una situación como el accidente que hacía poco había dejado viuda a la esposa de un pastor, el paro cardíaco fulminante que se había llevado al esposo de una amiga a los treinta y dos años, la inundación repentina, las balas y los trenes de carga que no avisan su paso y, en cambio, dejan por igual nombres en los titulares de los diarios.

Terminé los platos, drené el agua del fregadero, colgué la toalla y tomé la Biblia con mis dedos arrugados por el agua.

¿Y si ha muerto, Señor? ¿Qué pasa si nunca vuelve a entrar por esa puerta? ¿Seguirás siendo bueno conmigo?

Y el Espíritu, a quien Jesús llamó "el Consolador", guio mi corazón a Romanos 8:38-39: "Por lo cual estoy seguro de que ni la muerte, ni la vida, ni ángeles, ni principados, ni potestades, ni lo presente, ni lo por venir, ni lo alto, ni lo profundo, ni ninguna otra cosa creada nos podrá separar del amor de Dios, que es en Cristo Jesús Señor nuestro". Ni la vida, ni la muerte.

Si mi esposo estuviera muerto, eso lo cambiaría todo. Esta particular gracia de la vida con cenas nocturnas, largos abrazos y oración compartida, terminaría. Aun así, habría menos cambios de lo que podría pensar. Yo seguiría unida a Cristo. Aún sería amada por el Padre.

Pero ¿por qué, Señor? ¿Por qué permitirías que muriera?

Una vez más, el Espíritu me instó a buscar algo. Pasé las páginas hasta encontrar 1 Pedro 1:6-7: "En lo cual vosotros os alegráis, aunque ahora por un poco de tiempo, si es necesario, tengáis que ser afligidos en diversas pruebas, para que sometida a prueba vuestra fe, mucho más preciosa que el oro, el cual aunque perecedero se prueba con fuego, sea hallada en alabanza, gloria y honra cuando sea manifestado Jesucristo". Si es necesario.

Recordé cuando mi hermano, en medio de una prueba que tuvo que enfrentar, decía ahogado en lágrimas: "Dios no habría hecho esto si hubiera existido una alternativa más simple". La muerte de mi esposo no sería un acto sin sentido por parte de un Dios negligente. La muerte de mi esposo sucedería solo si fuera necesaria. Necesaria para su gloria. Necesaria para mi bien.

En una ocasión, mientras nos resguardábamos de un tornado, mi hijo de cuatro años oró diciendo: "Querido Dios, no te pido que nos guardes. Te pido que hagas lo correcto". Allí mismo, sentada en mi cocina, elevé la misma oración.

No te pido que Rob esté vivo. Te pido que hagas lo correcto. Y si esta prueba es necesaria, la tomaré de tu mano y confío en que me muestres en ella tu bondad.

Años después recuerdo con frecuencia esa noche. Yo la llamo "la noche en que Rob murió", aunque él está muy vivo todavía. Al final, Rob llegó y explicó que había mucho tráfico o que se presentó una crisis pastoral o quién sabe qué.

Rob no murió esa noche, pero mi temor de su muerte sí. Hace poco pensé que había perdido a mi hijo, no a mi esposo. Estaba ahí y de repente desapareció. Y aunque recorrí tres veces el perímetro del campo de fútbol buscando su nariz llena de pecas y una camisa amarilla, no pude encontrarlo. Mi corazón flaqueó, pero el Espíritu estaba ahí también, y hablé conmigo misma mientras caminaba, repitiendo a cada paso hasta que vi a mi hijo: *Si es necesario. Si es necesario. Si es necesario.*

Cuando tus temores se hacen realidad, debes tener presente a Jesús. Él no te ha dejado sola frente a la tormenta. Aunque eso no significa que no habrá tormentas, Él estará contigo en medio de ellas. En las tribulaciones de esta vida, recuerdo con frecuencia a Jesús en la barca con sus discípulos. Es una historia conocida que aparece en Marcos 4:35-41. Los discípulos subieron a una barca y navegaban en el mar de Galilea, célebre por sus tormentas violentas y repentinas.[2] Cuando se avecinaba la tormenta, las olas encrespadas eran capaces de volcar las barcas.

---

2. *ESV Study Bible*, ed. Wayne Grudem (Wheaton, IL: Crossway, 2008), comentario sobre Marcos 4:37.

Los discípulos estaban aterrorizados. Jesús, por su parte, estaba dormido. A Él no le preocupaban los mares embravecidos. Sus discípulos lo despertaron angustiados, diciendo: "Maestro, ¿no tienes cuidado que perecemos?". Jesús decidió recordarles quién era Él y por qué podían confiar en Él. Con una orden, detuvo la tormenta: "Calla, enmudece". Y todos fueron llenos de gran temor, pero ya no el temor equivocado a la tempestad. En ese momento, los discípulos quedaron llenos de asombro frente a Jesús, el Dios-Hombre, y exclamaron: "¿Quién es este, que aun el viento y el mar le obedecen?". Ese era el temor correcto.

En medio de nuestras tormentas, tú y yo tenemos el mismo Dios con nosotras, el mismo Dios que estuvo allí con sus discípulos; podemos confiar que Él está en la barca. Puede que calme la tormenta de inmediato, o no; puede que tengamos que soportar gran sufrimiento. En cualquier caso, Él no nos dejará. Uno de mis himnos favoritos, "Jesús, Salvador, Capitán de mi barca", logra captar con maestría la verdad de la soberanía y la bondad de Dios en las tormentas de la vida. En la letra del cántico, se reconoce que las olas se encrespan y hay un clamor a Dios: "Tú trazas la ruta, pones el compás; / Salvador, sé tú mi Capitán... / Quiero oírte decir: / Yo seré tu Capitán".[3]

Nuestro buen Dios amoroso y soberano será nuestro Capitán. Su amor nunca deja de ser y grande es su fidelidad. "Mi porción es Jehová, dijo mi alma; por tanto, en Él esperaré" (Lamentaciones 3:24). Que este sea el clamor de nuestro corazón cuando nuestros temores se hacen realidad.

---

3. Wayfarer, "Jesus, Savior, Pilot Me", del álbum *The River*, 22 de julio de 2012, http://wayfarerseattle.bandcamp.com/track/jesus-savior-pilot-me.

Capítulo 11

Crece en el temor del Señor

A estas alturas ya hemos comprendido nuestra tendencia a temer y hemos contemplado a Aquel en quien podemos confiar. Aun así, quedamos con la pregunta: *¿Cómo podemos crecer?* Cuando hablo de crecimiento, por lo general hago referencia a un versículo: Filipenses 1:6.

Como hizo Pablo tantas veces, su carta a la iglesia de Filipos empieza con una oración de acción de gracias. Pablo era un hombre que siempre animaba a otros. Sí, también tuvo choques con algunas personas, pero nada de lo que él dijo inspirado por el Espíritu lo dijo con un interés egoísta. Él amó mucho. ¿Cuál fue su mensaje para esta iglesia? Él les dice (y nos dice a nosotras): "Estando persuadido de esto, que el que comenzó en vosotros la buena obra, la perfeccionará hasta el día de Jesucristo". El cristiano no queda librado a su suerte para crecer en sus fuerzas. Dios empieza la obra en ti y Él la terminará. Él te enseñará a temerle. La obra de crecimiento en el Señor culminará en un temor completo, perfecto y gozoso del Señor el día en que veas a Jesús. Puedes y debes procurar crecer en este temor, por la gracia de Dios, sabiendo que nada de lo que hagas te justificará delante del Señor.

A continuación presento algunas maneras en que puedes crecer en el temor del Señor.

Confesión

Mi amiga y yo estábamos una frente a la otra intentando llevar una conversación que ambas sabíamos era poco menos que un milagro. Nuestros hijos saltaban agitados junto a nosotras mientras intentábamos organizar su merienda en Chick-fil-A (un conocido restaurante de comida rápida), el menú predilecto de muchas mamás con niños pequeños. Al acomodarse en sus asientos, hubo unos breves momentos de silencio. Miré a mi amiga y dije: "Tengo que salir de mi cabeza". Sin parpadear siquiera, ella entendió perfectamente lo que quise decir.

Cada día en mis quehaceres y servicio a mis hijos, estoy sola en casa y con frecuencia divago en mis pensamientos. De mi cabeza vienen los pecados que a menudo se manifiestan en malhumor, irritabilidad, impaciencia, queja e incluso sensibilidad extrema. Mi mente es un lugar peligroso, a veces. Por fuera pareciera que tengo todo bajo control, pero en mi interior, en mis pensamientos secretos, puedo enfrentar la tentación al temor y la ansiedad. Puedo codiciar, puedo anhelar estar en otros lugares y sentirme insatisfecha.

En ocasiones puedo pensar que mis pensamientos me pertenecen solo a mí. Nadie sabrá lo que pienso a menos que yo lo exprese. Nadie aparte de mí puede ver que estoy juzgando las motivaciones de otra persona. Nadie sabe que, en un momento

> Puedo ser tentada en mis pensamientos, pero no tengo que pecar.

determinado, preferiría estar en París tomando un café con leche en lugar de estar limpiando este piso por enésima vez. Y pienso que mi descontento está solo en mi cabeza.

Sin embargo, el Señor sabe. Él conoce los pensamientos del hombre. Incluso su Palabra discierne los pensamientos y las intenciones del corazón (Hebreos 4:12). Y cuando miro en retrospectiva una semana de pensamientos inútiles e infructuosos, me gozo en saber que los pensamientos de Dios no son mis pensamientos (Isaías 55:8-9).

Aun así, Dios me ha dado su Espíritu y, por su gracia, Él santificará mis pensamientos. Puedo ser tentada en mis pensamientos, pero no tengo que pecar. Puedo llevar mis pensamientos cautivos y vestirme de rectitud en los lugares secretos de mi alma. Y cuando Él me salvó, nada dejó por fuera de la justicia de Cristo. Él nos salva hasta lo más profundo, hasta las profundidades de nuestra alma y los lugares más tenebrosos de nuestro ser (Hebreos 7:25).

De modo que, cuando confesé mis pensamientos a mi amiga, me regocijé al saber que aquello que había salido a la luz ya era conocido por Dios y ya había sido perdonado. Lo mismo sucede con nuestros temores. En su libro *Running Scared*, Ed Welch dice: "En vez de minimizar nuestros temores, encontremos más y saquémoslos a la luz del día, porque cuantos más encuentres, más bendecido serás cuando oigas las palabras de paz y de consuelo".[1]

> La confesión es una forma activa de manifestar tu confianza en el Señor y tu temor de Él.

Dios es santo y omnisciente y por tanto debo temerle, pero sé que también es amoroso y bueno, por lo que puedo ser sincera y honesta acerca de mi pecado. La confesión es una forma activa de manifestar tu confianza en el Señor y tu temor de Él. Y porque le temes, confiesas tus pecados. Como viste en el pequeño ejemplo que acabo de citar, son asuntos que el Señor ya conoce, de modo que nada va a sorprenderle. Y puesto que temes a Dios

---

1. Edward Welch, *Running Scared: Fear, Worry, and the God of Rest* (Greensboro, NC: New Growth Press, 2007), edición Kindle, loc. 229.

y Él es tu máxima prioridad, tampoco temes lo que tus amigas piensen de ti. ¿No te parece liberador? ¡Qué maravillosa gracia! Podemos cultivar el temor del Señor confesando nuestros pecados las unas a las otras y recibiendo la gracia que Él ha puesto a nuestra disposición.

Recordar las promesas de Dios

Dado que conocemos a Dios y le tememos, podemos confiar en Él. Solo hay un Dios y Él es nuestro Padre. La manera más clara en la que Él se revela es por medio de su Palabra, de modo que es allí donde debemos aprender más acerca de Él y crecer en el temor de Él. Aunque vemos sus palabras impresas en pegatinas y tarjetas, no podemos olvidar que son palabras de vida y dignas de confianza.

En *Confía en su Palabra*, Kevin DeYoung explica por qué podemos confiar y creer en la Palabra de Dios. Él señala que lo que dice la Biblia es verdad. Además, la Palabra de Dios exige lo que es correcto. Pero, el tercer punto es lo que resulta más relevante para mí. Pienso que a veces podemos creer su Palabra e incluso que debemos obedecerla; pero, aun así, ¿creemos que la Palabra provee lo que es *bueno* para nosotras? Él escribe:

> De acuerdo con el Salmo 119, la Palabra de Dios es el camino a la felicidad (vv. 1-2), el camino para evitar la vergüenza (v. 6), el camino de la seguridad (v. 9), y el camino al buen consejo (v. 24). La Palabra nos da fortaleza (v. 28) y esperanza (v. 43). La Palabra provee sabiduría (vv. 98-100, 130) y nos muestra el camino que debemos andar (v. 105)... Como pueblo de Dios, creemos que podemos confiar que la Palabra de Dios habla la verdad en cada aspecto, manda lo que es verdadero y nos provee de lo que es bueno.[2]

---

2. Kevin DeYoung, *Confía en su Palabra: Por qué la Biblia es necesaria y suficiente, y lo que eso significa para ti y para mí* (Grand Rapids, MI: Portavoz, 2015), 18-19.

La Palabra de Dios es buena y nos brinda lo que es bueno para nosotras. La Palabra de Dios es suficiente para que batallemos contra la tentación y lo conozcamos a Él. Él nos ha dado todo lo que necesitamos para la vida y la piedad (2 Pedro 1:3). Adquirimos sabiduría de la Palabra y, como escribe DeYoung: "La palabra del mundo no es como la Palabra de Dios. Una es nueva y de ahora; la otra es antigua y eterna... Pero si queremos —y si *necesitamos*— una sabiduría que está más allá de nosotros, que nunca nos fallará, debemos examinar las cosas que 'Dios nos... ha revelado por el Espíritu' [1 Corintios 2:10]".[3] Por lo anterior, podemos confiar en Él y en su Palabra.

Así pues, podemos descansar y recordar estas y muchas otras promesas:

¡Cuán grande es tu bondad, que has guardado para los que te temen, que has mostrado a los que esperan en ti, delante de los hijos de los hombres! (Salmos 31:19).

Se complace Jehová en los que le temen, y en los que esperan en su misericordia (Salmos 147:11).

Cumplirá el deseo de los que le temen; oirá asimismo el clamor de ellos, y los salvará (Salmos 145:19).

He aquí el ojo de Jehová sobre los que le temen, sobre los que esperan en su misericordia (Salmos 33:18).

¿Por qué hablamos tanto acerca de la Palabra de Dios? Porque la raíz de nuestro temor, la raíz de todo nuestro pecado, es la incredulidad. Si queremos combatir nuestra incredulidad, debemos creer, y por ello debemos volvernos a Dios y pedirle que nos ayude en nuestra poca fe.

Nuestra capacidad de crecer en el temor del Señor está a

---

3. Ibíd., 90.

nuestro alcance sobre nuestra mesa de noche. De ahí tomamos las Escrituras y aprendemos acerca del Señor. Hace muchos años, me encontré en una encrucijada. O creía lo que Dios decía en su Palabra acerca de sus hijos (y especialmente acerca de Él mismo) o seguía confiando en mis propios sentimientos, temores y pensamientos. Dios empezó a obrar en mí una visión renovada de Él que se fundaba en lo que Él había revelado acerca de sí mismo en las Escrituras. Lo que Dios en realidad renovó en mi mente y en mi corazón fue un temor de Él.

No temas

Una manera de crecer en el temor del Señor es no temer a nada más aparte de Él. Obviamente vamos a seguir sintiendo temor, pero a medida que crecemos en la confianza y en el temor del Señor, los demás temores serán entregados a Él, como debe ser. Empezaremos a temer menos, lo cual no significa ser temerarias. Recuerda que se trata de una transformación de un grado de gloria a otro. Estamos siendo transformadas en la semejanza de nuestro Señor; es un proceso, un proceso de crecimiento que toma tiempo (2 Corintios 3:18).

Dependiendo de la versión que uses de la Biblia, puedes encontrar más de trescientos versículos que contienen la frase "no temas". Uno de los pasajes más conocidos se encuentra en Isaías 41:10: "No temas, porque yo estoy contigo; no desmayes, porque yo soy tu Dios que te esfuerzo; siempre te ayudaré, siempre te sustentaré con la diestra de mi justicia".

Todo el capítulo 41 de Isaías habla de la diestra soberana de Dios. Y por la mitad del capítulo, Dios nos recuerda que Él no solo es soberano, sino también amoroso y bueno, que está de nuestro lado y por tanto no debemos temer. Dios es por nosotras.

Así que cuando nuestro temor al hombre pareciera resonar más que nuestra confianza en Él, o nuestro temor al futuro nos asedia con pensamientos, o nuestro temor y obsesión con la comparación nos arrebatan el gozo, el Señor nos dice: "No temas, yo estoy contigo". Él nos recuerda que Él es nuestro Dios. Él es un Dios personal y cercano. Nos conocía antes de la fundación del mundo y nos formó en el vientre de nuestra madre.

Cuando tus temores te digan que estás sola, Dios susurra: "Yo soy tu Dios". Él te sostendrá. Nos ha adoptado como hijas suyas. Envió a su Hijo a morir por nosotras. Nos ama con un amor eterno. Él ha hecho un pacto con nosotras.

Tus temores te dicen que tienes que ser fuerte. Dios te dice: "Yo soy tu Dios que te esfuerzo".

Tus temores te dirán que vas a tropezar y a fracasar. Tus temores te dirán que tienes que sacar fuerzas para ser todo lo que crees que Dios quiere que seas y que debes hacerlo en tus fuerzas. Tus temores te dirán que no das la talla y nunca la darás. Dios te dice: "Yo te sustentaré con la diestra de mi justicia".

Tus temores te dirán que debes tener miedo. Dios te dice: "No desmayes".

Hay un antiguo himno que resume bien esta sección y, de hecho, este capítulo completo. Es uno de mis himnos favoritos: "Como un cimiento firme". Este cimiento es la Palabra de Dios: el cimiento de conocer a nuestro Padre para que podamos descansar, confiar y temer con el temor correcto.

> ¡Cuán firme cimiento se ha dado a la fe,
> de Dios en su eterna palabra de amor!
> ¿Qué más él pudiera en su libro añadir,
> si todo a sus hijos lo ha dicho el Señor?
>
> No temas por nada, contigo Yo soy;
> tu Dios Yo soy solo, tu ayuda seré;
> tu fuerza y firmeza en mi diestra estarán,
> y en ella sostén y poder te daré.

La llama no puede dañarte jamás,
si en medio del fuego te ordeno pasar;
el oro de tu alma más puro será,
pues solo la escoria se habrá de quemar.

No habrán de anegarte las ondas del mar,
si en aguas profundas te ordeno pasar;
pues siempre contigo seré, en angustia estaré,
y todas tus penas podré reducir.

Al alma que anhele la paz que hay en mí,
jamás en sus luchas la habré de dejar;
si todo el infierno la quiere perder,
¡yo nunca, no, nunca, la puedo olvidar![4]

La paciencia de Dios para con sus hijos es asombrosa. Eso me recuerda una vez más su gran amor para con nosotras. Él sabe que la santificación es un proceso y que solo por su gracia vamos a crecer y a cambiar. Aun con todo lo que sé acerca del Señor y a pesar de todo lo que he aprendido acerca de la naturaleza del temor, sigo temiendo. Sin embargo, ahora que he caminado más años en la fe, he aprendido cómo llevar cautivos los pensamientos paralizantes que me llevan a temer y que antes me tenían cautiva en la desesperación. He aprendido a arrepentirme con prontitud y a aferrarme con más fuerza a Jesús. He aprendido que, si todos mis temores se volvieran realidad, aun así tendría a mi Salvador. En última instancia, he aprendido lo que significa descansar en las promesas del evangelio y eso, creo yo, es crecer en el temor del Señor.

Esa es mi oración por ti. Este camino, esta jornada de la vida cristiana, es verdaderamente un caminar de fe. Es posible que el

---

4. Se desconoce el autor del himno, pero es muy probable que sea Robert Keene. Ver http://www.challies.com/articles/hymn-stories-how-firm-a-foundation-free-download.

Señor te dé la fe para confiar en Él en medio de tu tribulación, con tu temor o en tu valle de tinieblas en este preciso momento, o puede que de día y de noche sigas pidiendo una fe renovada. En cualquier caso, el Señor te ama igual hoy, ayer, mañana y por siempre. Su carácter no cambia y su gran amor por ti no cambia. Él se da a sí mismo por ti cuando lo pides. Pide al Señor que se revele a ti de manera personal.

El pastor y escritor Jerry Bridges es conocido por su costumbre de predicarse a sí mismo el evangelio cada día, y nos anima a hacer lo mismo. Siempre he agradecido su consejo y su insistencia en la suficiencia del evangelio. También me doy cuenta de que soy olvidadiza y que cada día *necesito* predicarme el evangelio a mí misma. Supongo que tú experimentas el mismo tipo de olvido que yo. Muchas mañanas cuando nos levantamos, pareciera que todo está en contra nuestra. Añade a eso las tribulaciones de la vida y los temores, y puede ser abrumador. Añade a eso nuestra tendencia a ser olvidadizas. Por ese motivo quiero recordarte, incluso ahora mismo, por qué podemos acudir a Dios con nuestros temores.

Dios es soberano. Él reina en todo el universo. Él es santo y majestuoso, es un Dios poderoso en quien podemos confiar. Dios no es solo soberano y santo; Él te conoce de manera personal e íntima y sabe perfectamente todo lo que necesitas. Él sabe lo que necesitas aún antes de que tú lo digas. Él sabe lo que necesitas cuando tú ni siquiera sabes lo que necesitas. Pero Él no solo te conoce bien, también te ama. Su amor es puro y eterno. Su amor es indescriptible. Él te ama con un amor eterno que nunca cesa de impartir vida. Él envió a su Hijo a morir por ti; en esa medida te ama. Él es un buen Dios y no tiene malas intenciones. Él es ajeno a todo mal, de modo que puedes confiar

> Dios no es solo soberano y santo; Él te conoce de manera personal e íntima y sabe perfectamente todo lo que necesitas.

en que Él hará lo que es bueno para ti. Me uno, pues, a las palabras de Pablo para pedirte y recordarte lo siguiente:

> ¿Qué, pues, diremos a esto? Si Dios es por nosotros, ¿quién contra nosotros? El que no escatimó ni a su propio Hijo, sino que lo entregó por todos nosotros, ¿cómo no nos dará también con él todas las cosas? ¿Quién acusará a los escogidos de Dios? Dios es el que justifica. ¿Quién es el que condenará? Cristo es el que murió; más aun, el que también resucitó, el que además está a la diestra de Dios, el que también intercede por nosotros. ¿Quién nos separará del amor de Cristo? ¿Tribulación, o angustia, o persecución, o hambre, o desnudez, o peligro, o espada? (Romanos 8:31-35).

Nada puede separarnos de Él y de su amor, ni nuestros temores, ni nuestras tribulaciones. Podemos correr a Dios confiadas gracias a Jesús. Lleva tus temores delante de Él, el único que puede llevar tu carga. Él quiere que en verdad lo conozcas. Él es el único refugio al que tú y yo podemos acudir y hallar verdadero descanso. Él es digno de tu fe y de tu confianza.

Preguntas de reflexión

CAPÍTULO 1: EL TEMOR AL HOMBRE

1. ¿Qué es el temor al hombre?

2. ¿Cómo has visto el temor al hombre manifestarse en tu vida?

3. ¿Cómo batalló Pedro con ese temor y qué podemos aprender de su lucha con el temor al hombre?

4. Explica de qué manera la calumnia y el juicio a otros pueden ser, en realidad, un producto del temor al hombre.

5. ¿Qué podrías hacer para combatir esa tentación y recibir la gracia que está a tu disposición?

CAPÍTULO 2: EL TEMOR AL FUTURO

1. ¿En qué área de tu vida temes, por lo general, lo que puede o no puede suceder?

2. ¿Por qué piensas que es difícil renunciar al control y confiar en Dios para tu futuro?

3. ¿En alguna ocasión en que sentiste temor al futuro, actuaste por miedo (por ejemplo, poniéndote ansiosa)? ¿Qué sucedió?

4. ¿Qué relación existe entre el temor al futuro y la incredulidad?

5. ¿De qué maneras has visto la fidelidad de Dios en el pasado?

CAPÍTULO 3: EL TEMOR A OTRAS MUJERES

1. ¿Cómo puede la comparación (en la vida real o en las redes sociales) estorbar el ministerio de Tito 2 (o cualquier otro ministerio)?

2. ¿Cuáles eran las "guerras entre madres"? ¿Alguna vez has visto algo similar en tu medio social? Si es así, ¿cómo te esfuerzas para combatir este fenómeno?

3. ¿Cómo podemos aprender a regocijarnos y alegrarnos por nuestras hermanas que han sido dotadas con otras cualidades que no tenemos?

4. ¿Cómo puede el hecho de animar a otras mujeres ayudarte a combatir ese temor?

CAPÍTULO 4: EL TEMOR A LA TRAGEDIA

1. ¿De qué forma podemos ser miopes, especialmente cuando tememos a las tragedias?

2. ¿Alguna vez te has encontrado imaginando una situación o inventando un suceso que no ha ocurrido? ¿Por qué es una práctica perjudicial?

3. Dios no promete una vida fácil, pero sí nos presenta ejemplos bíblicos de su fidelidad. ¿De qué manera fue Dios fiel con Noemí y Rut?

4. ¿Existe un momento para los temores legítimos?

5. ¿Cuáles son algunas maneras prácticas de confiar a Dios nuestro futuro?

CAPÍTULO 5: EL TEMOR A NO DAR LA TALLA

1. ¿En qué áreas crees que estás fallando o no das la talla?

2. Este libro menciona algunas áreas en las que la mayoría de las mujeres experimentan el temor a no dar la talla. ¿Cuáles son? ¿Añadirías otras?

3. ¿Cuáles son algunas ventajas de cambiar tu ritmo de vida? ¿En qué has adoptado un ritmo de vida más sosegado (por ejemplo, desconectándote de las redes sociales)?

4. ¿Cómo puede la autosuficiencia agravar la presión de dar la talla?

5. Cuando piensas en el temor a no dar la talla, ¿cuál es la base en la que has fundado tu vida? ¿Es Cristo o algo aparte de Él?

CAPÍTULO 6: EL TEMOR A LA APARIENCIA FÍSICA

1. Responde la simple pregunta: ¿Tienes problemas con tu imagen corporal? Si es así, ¿cuáles?

2. La práctica del ejercicio no es mala; conviene entrenar nuestro cuerpo. ¿Cómo y cuándo se vuelve algo perjudicial?

3. Los desórdenes alimenticios y los problemas generales con la imagen corporal no son lo mismo. ¿En qué se diferencian?

4. ¿Cuáles son algunos pasos prácticos para luchar contra la tentación a temer a la apariencia física?

CAPÍTULO 7: EL TEMOR A LA INTIMIDAD SEXUAL

1. Antes de comentar acerca del temor a la intimidad sexual específicamente, explica cómo se puede luchar con el temor, en sentido general, a no ser suficiente para tu esposo.

2. El temor a la intimidad sexual y a no dar la talla pueden ir juntos. ¿Cómo ves que se relacionan?

3. ¿Cómo puedes batallar contra el temor al rechazo, especialmente cuando has caído en pecado sexual en el pasado? ¿Cómo puedes experimentar el perdón que Jesús te ofrece?

4. Si has descubierto pecado sexual en tu esposo, ¿cuáles son algunos pasos que puedes dar? (Siéntete en libertad de pasar por alto esta pregunta en las reuniones grupales).

CAPÍTULO 8: POR QUÉ PODEMOS CONFIAR EN DIOS

1. Describe la diferencia entre conocimiento y sabiduría.

2. ¿Quién es Dios y de qué manera saber esto nos ayuda a confiar en Él?

3. ¿De qué manera la sabiduría de Dios nos ayuda a confiar en Él?

4. ¿De qué manera el amor de Dios nos ayuda a confiar en Él?

5. ¿Qué significa que Dios es bueno? ¿Lo crees? ¿De qué formas has experimentado su bondad?

CAPÍTULO 9: EL TEMOR DEL SEÑOR

1. Cuando pensamos en un ejemplo de femineidad piadosa, a menudo acudimos al pasaje de Proverbios 31. La "mujer" de este famoso pasaje sobre la sabiduría muchas veces ha sido aclamada e idolatrada. Sin embargo, es parte de la Palabra de Dios y por tanto encierra sabiduría que puede ayudarnos a creer. ¿Qué características de la persona descrita en ese capítulo podrías imitar?

2. ¿Qué es el temor del Señor?

CAPÍTULO 10: CUANDO TUS TEMORES SE HACEN REALIDAD

1. En este capítulo, varias mujeres de diferentes trasfondos y yo hablamos acerca de nuestros temores y tribulaciones. ¿Alguna vez has experimentado una tribulación? Recuerda las maneras en que comprobaste la fidelidad de Dios en medio de la prueba.

2. El hecho de conocer a Dios y su Palabra nos permite enfrentar nuestros temores con fe. ¿Por qué? ¿De qué manera práctica puedes lograr esto?

3. ¿De qué manera puedes consolar a otros con el consuelo que has recibido?

CAPÍTULO 11: CRECE EN EL TEMOR DEL SEÑOR

1. ¿Qué significa para ti que Dios perfecciona la obra que empezó?

2. ¿En qué forma la mente (nuestros pensamientos y reflexiones) afecta nuestro temor y nuestra fe?

3. ¿De qué manera recordar las promesas de Dios en su Palabra nos ayuda a combatir la tentación de temer y, por otro lado, a crecer en el temor del Señor?

4. ¿Cómo nos anima el evangelio a procurar crecer en esta área?

Los desórdenes alimenticios

La batalla de una joven con la anorexia, y la misericordia de Dios, por Eva Crawford

Fui salva a edad temprana, crecí en un hogar cristiano y era miembro de una iglesia numerosa. Creía en Dios, oraba, entonaba canciones y buscaba obedecer y agradar al Señor. Sin embargo, a pesar de que me habían enseñado esta verdad, nunca comprendí de pequeña lo engañoso y perverso que era mi propio corazón (¡y todavía lo es!). Yo era una joven legalista que conocía las respuestas correctas y se enorgullecía de ello. Recuerdo claramente cuando de niña en una tienda Walmart fui consciente de que, aunque no debía mirar los estantes de revistas junto a la caja registradora, me creí lo suficientemente madura para manejar esos contenidos. Leí un titular que decía: "La engañó… y ella lo asesinó". Yo pensé: *¡Cuánto me alegra no ser tan mala!* Para mí la gracia no era algo asombroso. En mi subconsciente, pensaba que existían categorías de pecados y que yo no era tan mala. En realidad, creo que a pesar de que fui cristiana desde niña, era increíblemente orgullosa e hipócrita. Pensaba que la anorexia era estúpida. Pensaba: *¿Cómo puede una chica dejar de comer?*

A medida que crecí externamente (pubertad, etc.), mis

ansias de aprobación y mi hipocresía también crecieron.
Creía que podía controlar mi vida, mi horario y mi apariencia, y miraba con desdén a otras chicas que no tenían
tanto autocontrol. Siempre fui activa y delgada en mis
años de crecimiento, pero en algún momento alrededor
de los catorce o quince años, mis tendencias a querer
la aprobación de los demás empezaron a evidenciar
cuánta atención positiva recibía por ser delgada, deportista, disciplinada, autocontrolada y tonificada. Cuando
mi cuerpo experimentó los cambios de la adolescencia
(como en las caderas), empecé a hacer ejercicio diario
para mantenerme en forma, pero mi actividad estaba
motivada por el deseo de ser alabada y estimada. La posibilidad de estar obsesionada con ello nunca se me cruzó
por la mente.

A medida que perdía peso, apareció un nódulo en mi
cuello. Mis padres me llevaron al médico para exami-
narlo y pensaron que podía ser tejido de la tiroides. Mi
tiroides estaba bien, pero mi corazón estaba en un estado
catastrófico. Los médicos eran conscientes de que estaba
delgada y me preguntaron por ello, pero yo contesté con
evasivas. Seguí bajando de peso y mi obsesión con lo que
yo denominaba "saludable", "disciplina" o "autocontrol"
aumentó. Era completamente ciega a mi propio cautive-
rio, el cual yo justificaba por completo. El impulso para
hacer ejercicio y mi respuesta ansiosa y enojada cuando
no era capaz de hacerlo revelaban lo que mi corazón más
amaba: yo misma.

El supuesto control y disciplina que a mi modo de
ver yo había logrado más que cualquier otra persona me
estaban matando. Mis disciplinas de autocontrol alimen-
taban mi actitud crítica de otras personas que no podían
ser tan disciplinadas como yo. Medía casi un metro con

ochenta centímetros y perdí peso de manera progresiva
en un período de diez meses hasta descender a cuarenta
kilos. Aun en lo más profundo de mi pecado, yo me justificaba. Recuerdo que pensaba: *¿A quién se le ocurriría
vomitar para perder peso?* Yo nunca opté por el vómito
como método, sino que en lugar de eso, me sometía a un
intenso régimen secreto de ejercicios que me permitían
quemar las calorías que, según mis cálculos minuciosos,
había consumido en el día. Por supuesto, si me saltaba
un día u olvidaba algunas repeticiones, más tarde hacía
el doble para compensar por ello. Mi mente y mi corazón
estaban completamente consagrados a pensar en lo que
comía y en cómo podía eliminarlo. Mi idolatría del "autocontrol y la disciplina" me habían llevado a un nivel de
esclavitud que me dominaba por completo. Lo peor de
todo es que era ciega a todo ello e insistía en pesar que
era mejor que los demás.

Mis padres, en cambio, no eran ciegos. Hasta el día de
hoy, no logro imaginar cómo los padres pueden ver a una
hija pasar hambre de manera voluntaria. Sin embargo,
ellos no eran observadores pasivos. Ellos cuidaron de mí
físicamente, me llevaban a las citas médicas, trataron de
monitorear mi ejercicio, trataron de aumentar mi ingesta
de calorías, entre muchas otras cosas. Con todo, lo que
más agradezco es la manera en que cuidaron con paciencia de mi alma durante ese tiempo. Vieron la destrucción
externa a la que estaba sometiendo mi cuerpo, pero
ahondaron aún más porque sabían que mi problema era,
en última instancia, un problema del corazón. Aunque
nuestra cultura dice que se debe a baja autoestima o que
uno se "contagia de anorexia" (como si fuera un virus
que anda por ahí), mis padres apuntaron directamente a
mi corazón y mis motivos. Ellos me señalaron continua-

mente las Escrituras, me llevaron a ver a un pastor, oraron por mí y visitaron a otras jovencitas cristianas que sufrían el mismo problema. Es difícil para mí pensar e imaginar el dolor, la angustia y la carga que impuse a mi familia durante ese tiempo. Su paciencia me asombra hasta el día de hoy. Durante esa temporada, casi todo momento en familia, con o sin comida, era increíblemente difícil por causa de mi idolatría, y terminaba por regla general en mi llanto o enojo.

Aun cuando negaba mi idolatría, el Señor en su fidelidad me buscó y trajo convicción a mi alma. Sutilmente había llegado a pensar que el Señor me amaba *porque* era una buena chica. No obstante, mi vida se había vuelto un desastre de enojo, mentira, agotamiento, obsesión y esclavitud a mi ídolo del control. Por medio de varias personas, el Señor abrió poco a poco mis ojos a la profundidad de la ceguera y el engaño en mi propio corazón. Antes de eso, me ufanaba de ser una persona honesta, pero mi vida se había convertido en una mentira de comida desperdiciada y ejercicio en secreto. Antes me consideraba una persona paciente y amable, pero ahora daba rienda suelta a mi rabia cuando me obligaban a comer algo que no quería. Sabía que estas cosas en mi vida estaban mal, pero no me importaba, porque estaba absolutamente esclavizada por mi deseo de controlar todo. El Señor, en su misericordia, me reveló que el dios al que realmente estaba sirviendo con mis acciones y en mi vida era muy diferente del que había proclamado con mi boca.

Recuerdo que fui consciente de que tenía que elegir entre seguir por este camino de destrucción o confiar en el Señor. Por primera vez, me asombró la gracia de Dios: ¿Por qué me permitía elegir? Él podía dejarme morir, pero en la profundidad y en el engaño de mi pecado, Él me

buscaba. Por primera vez, empecé a ver realmente que
Eva había sido una mujer que odió y adulteró contra Dios.
A pesar de todo, el Señor estuvo dispuesto a morir por mí.
Aunque había oído esto toda mi vida, al fin comprendí,
quizás por primera vez, la gravedad de la maldad en mi
propio corazón y cómo incluso mi justicia, delante de Él,
estaba corrompida. La gracia se volvió hermosa. El evangelio se volvió real para mí como nunca antes. El cambio
no fue fácil, pero el Señor derramó su gracia una vez más.
Descubrí que Él es el único amo que ofrece gozo dura-
dero en lugar de esclavitud.

Ya no podía confiar en mí misma. Me aterrorizaba la
sensación de perder el control que acompaña a menudo
el aumento de peso. Aunque temía ser gorda, era consciente de que, de alguna manera, a pesar de que no tenía
el control, había un gozo y una libertad que no había
conocido antes de confiar en el Señor. Poco a poco, en
el lapso de tres a cuatro meses, recuperé mi peso normal.
Mi cuerpo se recuperó. Mis niveles de sangre alcanzaron
un equilibrio y mi ciclo menstrual volvió. Los médicos se
sorprendieron de lo rápido que sucedió. En verdad fue la
misericordia de Dios.

Quisiera decir que soy completamente libre de las
preocupaciones por mi apariencia, de mis ansias de aprobación y del hábito de justificarme a mí misma. Lejos de
eso, hay días en los que todavía me despierto y tengo que
cuestionar mis motivaciones para comer y hacer ejercicio,
y mi mentalidad obsesionada con el control y las obras.
Es algo con lo que tal vez tenga que batallar por el resto
de mi vida. Cuando reflexiono en esa temporada casi
seis años después, es difícil discernir con exactitud lo
que estaba aprendiendo entonces y dónde me encuentro
ahora. Sin embargo, hay un hilo fuerte que conecta todos

los recuerdos: la misericordia de Dios hacia una pecadora como yo.

Una carta abierta a mis amigas que sufren desórdenes alimenticios, por Emily Wierenga

Quiero llevarte veinte años atrás, cuando yo tenía trece años.

Soy la hija de un pastor, que está hospitalizada y tiene en su mano mechones de cabello.

Mis uñas están astilladas y puedes ver la forma de mis aparatos de ortodoncia que sobresalen en mis mejillas.

Peso 27 kilos.

La habitación huele a desinfectante. Las enfermeras dicen que me estoy muriendo.

Mientras me cepillaba, el cabello empezó a caerse e intenté atrapar todos los mechones para volverlos a poner en mi cabeza.

Hoy comí por primera vez en cuatro años; comí de verdad, todo lo que estaba en mi plato, todo lo que me sirvieron, porque, aunque todavía no creo que tenga anorexia, sé que esto no es normal.

Estar morada de hipotermia, ser incapaz de correr o de levantar objetos y ver a tus amigas llorar cuando te ven, eso no es normal.

Pasarán otros veinte años antes de que pueda reconocer que tengo una enfermedad mental, pero hoy es un comienzo. Porque *la* vi de camino al hospital: una mujer, trotando, musculosa; la mujer más hermosa que he visto. Se veía llena de vida.

Y entonces me di cuenta de que en ese momento tenía hambre de algo más que comida.

Mucho antes de rechazar mi primera comida, ya había aguantado hambre.

No tenía idea de lo que era la anorexia nerviosa. Éramos los hijos del predicador, criados cantando himnos y memorizando versículos bíblicos, educados en casa en la larga mesa de madera de nuestros padres. La única televisión que veíamos era en blanco y negro, en un aparato que encontramos en un tiradero. Lo sacábamos del sótano una vez a la semana para ver programas de Disney el domingo a la noche. No se me permitía tomar clases de danza ni mirar revistas de moda porque mamá, que era nutricionista, pensaba que eso podía desencadenar un desorden alimenticio.

Sin embargo, las tinieblas, al igual que la luz, se filtran por las grietas.

Y si se nos obliga a negar nuestro pecado desde el día en que nacemos, nunca nos daremos cuenta de que necesitamos un Salvador. Solo nos castigaremos a nosotras mismas por no ser lo que se supone deberíamos ser: perfectas.

Yo había sido siempre una buena niña, callada salvo cuando alguien me hablaba. Me encargaba del cuidado de mis hermanos menores. Pasaba horas en mis poemas y pinturas, con la esperanza de recibir la atención de un padre que pasaba la mayoría de su tiempo en la iglesia o en su oficina.

Nunca me preguntaron cuál era mi color favorito. Nunca supe cuál era mi color favorito hasta que me casé, un asunto aparentemente irrelevante hasta que te das cuenta de que no es solo eso. Tampoco sabes cómo te gustan los huevos o tu filete de carne, o cuál es tu champú favorito, porque lo único que sabes es que tiene que ser barato.

Son esos detalles que, al sumarse, se convierten en un gran cuadro que explica por qué no te amas a ti misma.

Y cuando tenía trece años y estaba allí en esa bata de hospital, mientras mamá me contaba en su suave acento inglés que las enfermeras decían que era un milagro que yo siguiera viva, que debía haber muerto, sentí que Dios extendía su mano, me tocaba en la mejilla y me decía: "Nunca te desampararé, ni te dejaré".

Fue mi Padre celestial quien me aseguró que la vida era más que solo normas y liturgias. Había gozo. Y ese gozo tenía buen sabor.

Amiga, ¿has probado ese gozo?

Por fin supe, a pesar del dolor de mi infancia y de los mechones de pelo en mi mano, que Dios me amaba porque Él me había hecho. No solo por eso, sino porque había muerto por mí. Y de repente, mi cuerpo ya no era solo huesos con piel. Era una vasija y Dios quería derramar su amor sobre mí para que yo pudiera darlo a otros. No somos simples seres físicos. Somos seres espirituales y parte de mí siempre supo esto, y por eso la comida nunca fue suficiente.

Sin embargo, hizo falta una recaída en la anorexia cuando era una joven casada no solo para reconocer el amor de Dios por mí, sino también para permitirle que me llenara, porque el gozo no se encuentra en una vida perfecta. El gozo es la paz que trasciende todo entendimiento, cuando miramos los ojos de nuestro Hacedor y vemos que podemos confiar en Él a pesar del dolor que nos asedia. Dios es digno de confianza.

Lo que sobra

Solía pensar que el famoso milagro de Juan 6 se trataba únicamente de pan, peces y cinco mil estómagos vacíos que necesitaban comer. Aun así, me sorprendía siempre por qué Jesús permitió un desperdicio semejante, por qué llenó doce cestas de lo que sobró.

No obstante, esto pasa por alto el punto principal. La historia no se trata de pan y de peces.

Como Jesús explicó después a la multitud: "Yo soy el pan de vida; el que a mí viene, nunca tendrá hambre; y el que en mí cree, no tendrá sed jamás" (Juan 6:35).

Jesús es el pan. Él es el sustento eterno para el alma hambrienta. En Él, nuestras almas ya no quedan hambrientas o sedientas. Los sobrantes de la historia son una imagen que nos recuerda en cada lectura que Él es más que suficiente para ti y más que suficiente para cada necesidad en mi vida.

Alimentarse de pan de vida es descubrir que Cristo es suficiente para cada punzada de hambre que siento en mi alma, es permitir que su gracia y su bondad llenen todo vacío, todo lugar que duele dentro de mí, para nutrirlo y hacerme crecer fuerte en fe y en amor.

Amiga, ¿conoces este pan de vida?

Cinco verdades

Sé que no es fácil. No lo es cuando el mundo te dice que eres lo que comes o lo que pesas, o que solo vales tanto como el número de calorías que consumes o la cantidad de seguidores que tienes en las redes sociales.

El mundo te mide con números. El Señor te mide con la gracia y tú no le debes nada, amiga mía. Le debes todo y no le debes nada. Él lo ha pagado todo. Él quiere que descanses y confíes en Él. Él ya se ocupó de todo lo que necesitas. Estas son cinco verdades que quiero que atesores hoy en tu corazón y que te acompañen de ahora en adelante.

1. Puedes elegir. Sé que el desorden alimenticio pareciera tener el control en este momento y que no puedes dejar de pensar en eso, pero la verdad es que, en un instante, tú puedes renunciar a este trastorno, que en realidad no te controla a ti. Una decisión basta para resistir la anorexia en el nombre de Jesús. Sin embargo, hasta que enfrentes los problemas que fomentan tu desorden alimenticio —como las ansias de ser vista, oída y abrazada, y el dolor de ser herida por quienes dicen amarte—, el desorden alimenticio seguirá siendo un lugar de seguridad engañosa, un muro dónde esconderte.

Debes saber que no es lo que parece. Dios te ve, Dios te oye, Dios te sostiene en sus brazos. Eres libre por medio del poder de Cristo para declarar la victoria sobre tu desorden alimenticio ahora mismo.

2. Puedes ser libre de la anorexia para siempre. Hay una mentira que ronda por el mundo y que dice: "Una vez 'enfermo mental', siempre enfermo mental". Yo creí esa mentira durante muchos años. Sufrí una recaída por causa de esa mentira, hasta que un día comprendí que no, que la Biblia nos declara nuevas criaturas en Cristo (2 Corintios 5:17). La Biblia declara que lo viejo ha pasado y que todas las cosas son hechas nuevas. La Biblia habla acerca de ser transformadas por medio de la renovación de nuestro entendimiento (Romanos 12:2).

Ya no tenemos que someternos a las reglas de este mundo. Sí, tenemos que ser conscientes de los factores que provocan y fomentan el problema y cuidarnos de las tentaciones, como todo el mundo; no podemos ser necias, pero sí podemos confiar en las palabras de Isaías 54:17, que dice que ningún arma forjada contra nosotras prosperará. Podemos ser libres de nuestros desórdenes alimenticios, completamente libres y para siempre por el poder de Jesucristo que opera en nosotras.

3. Eres más que tu desorden alimenticio. Amiga mía, tú

no eres tu desorden alimenticio. Sé que te aferras a él para protegerte, pero tu identidad, en vez de afirmarse, queda anulada por un desorden alimenticio que se ha convertido en tu ídolo. Solo cuando lo veas por lo que realmente es, una mentira del enemigo que solo busca la muerte de los hijos y las hijas de Dios, serás libre para seguir los sueños que Dios tiene para ti. Los desórdenes alimenticios son una batalla espiritual y creo que Satanás ataca a jóvenes que han sido llamados por Dios para mover montañas. Creo que tú, amiga, has sido llamada a hacer algo poderoso con tu vida y Satanás usa este desorden alimenticio como una distracción, para que no cumplas los planes que Dios tiene para ti. Tú eres más que tu desorden alimenticio. Tú eres más que vencedora en Jesús (Romanos 8:37). Tu identidad se define y depende para siempre de tu unión con Cristo.

4. *No estás loca.* Sé que sientes que lo estás. Te lo dictan todas esas voces que combaten en tu cabeza, las que estás cansada de oír y te llevan a desear acabar con tu vida. Te ruego que no te rindas. No te estás volviendo loca. Solo tienes hambre, hambre de comida, sí, pero también hambre de saber por qué estás viva y cuál es tu propósito. Anhelas dignidad y sentido espiritual. Esas voces pueden ser silenciadas con un suave murmullo, el murmullo de un Dios que peleará por ti si se lo permites. Clama a Jesús y Él someterá a Satanás y su control sobre tus pensamientos. Lee las Escrituras y trae a tu memoria la verdad de lo que dice Dios de ti, como lo declara Sofonías 3:17 (NVI): Él se deleita en ti con gozo, te renovará con su amor y se alegrará por ti con cantos.

5. *El resto de tu vida no queda determinado por este momento.* Amiga, sé que pareciera definitivo, pareciera que tu vida va a quedar marcada para siempre por este

período de combate contra la anorexia, pero no tiene que
ser así. Cuando tenía trece años, los médicos dijeron que
probablemente yo no podría tener hijos por el daño que
le había causado a mi cuerpo. Cuando cumplí veintisiete,
un pastor oró por mí para que pudiera concebir un hijo
en el lapso de un año y así fue. Ahora tengo dos hijitos y
estoy embarazada de mi tercer hijo.

Cuando sirves al Creador todopoderoso, nada es imposible. Él puede concederte los deseos de tu corazón. Sin
embargo, tienes que rendirte, tienes que permitirle que
empiece a sanarte para que cada uno de esos días pasa-
dos sea restaurado.

El dolor

Amigas, este mundo no es nuestro hogar. Es el dolor que
palpita dentro de ti, el clamor del Espíritu del Hijo a su
Abba Padre.

Somos mendigas sin hogar guiándonos mutuamente
al pan de vida, y yo camino a tu lado. ¿Puedes sentir mi
mano sosteniendo la tuya?

Ya casi llegamos. Vamos paso a paso, tambaleando.

Tu amiga y hermana, antigua anoréxica que ahora se
define como victoriosa en Cristo,

Emily

Una valla de duda

Lore Ferguson Gilbert

Lore Ferguson Gilbert es escritora en Sayable.net y ha batallado con la duda y la fe. Aquí nos comparte una reflexión acerca de la duda, los dones de Dios y su protección.

Me desperté esta mañana por primera vez en semanas sin la pesadez de la condenación sobre mí. Últimamente, no he podido sacudir esos sentimientos, sin importar cuánto me aferre a la túnica o me incline a los pies de Jesús. Voy a ser franca: He empezado a dudar de algunas cosas. Incluso ahora que escribo esto, mi mente repite una letanía de dudas. ¿Realmente crees que Dios te ama? ¿Realmente crees que vales algo para Él? ¿Realmente crees que alguien puede amarte? ¿Qué te hace pensar que Él se gozará sobre ti?

Las dudas se acumulan y erosionan mis certezas. De modo que esta mañana cuando me desperté, contuve por un momento la respiración en silencio y quietud, esperando el ataque de las dudas amontonadas. Pero no fue así. Y no comprendí por qué.

Uno de los mayores regalos que Dios me dio fue el regalo de la duda. Dudo que muchas de nosotras la consideren un regalo, pero para mí es la manifestación más profunda de la gracia. Él me dio la amplia pradera de la duda y el cerco placentero de la verdad. Él me hiere con mi duda, pero me sana con su verdad.

Como la mayoría de las personas que crecieron en algún tipo de iglesia, yo creí la mentira de que un moralismo fortalecido me conduciría a sendas de gran gozo: la pureza prematrimonial, el matrimonio a los veintidós, hijos a los veinticuatro, todo organizado y en su lugar hacia delante y hacia atrás. Todo lo tenía perfectamente calculado. Organicé mi vida de tal modo que todo tuviera sentido.

Acto seguido, la vida dejó de tener sentido. La vida me golpeó, como dicen, con una bofetada. Nunca olvidaré cuando terminó esa conversación y salí preguntándome qué hacer. ¿Qué haces cuando en un juego de cartas tienes un par de treses y nadie con quién completar el equipo? Te diré lo que haces: *dudas*.

Te zambulles en la duda, te bañas en ella, lavas tu alma en pecado y vergüenza. Cuando las respuestas que has recibido de gente bienintencionada fallan, cuando la teología en la que crees (según la cual Dios responde si oramos más, si damos más, si buscamos más y si nos arrepentimos más rápido) demuestra que eres una tonta, y cuando Dios no *pareciera* bueno, te diré lo que haces: *dudas*.

Y lo que sucede con la duda es que es una llanura sin fin. Dios nos ha dado el regalo de la razón, la lógica y el pensamiento, de modo que la duda nos llevará donde nada más puede llevarnos, porque siempre hay otra pregunta, otra posibilidad. Incluso si tropezamos contra un muro de verdad, somos como pequeños cuadrados en un juego de Atari, rebotando eternamente.

La duda no parece un regalo.

Esta mañana leí el primer capítulo de Job, el hombre justo que, podríamos decir, recibió una bofetada. Sin embargo, hoy me percaté de la palabra *valla*. "¿No has hecho tú una valla alrededor de él… y de todo lo que tiene?" (Job 1:10, NBLA). El enemigo preguntó a Dios antes de lanzar contra Job toda la furia de sus demonios.

Dios le permitió al enemigo hacer lo que quería, a excepción de tocar la vida de Job; y hoy pienso en la valla que ha puesto alrededor de nosotras. Quiero creer que la valla impide que el enemigo entre, pero eso no es lo que nos dicen. No, la valla impide que el enemigo se salga de los límites que Dios le ha impuesto. Es la valla de Job, pero también es la valla para el enemigo.

Esta mañana me desperté y sentí que golpeé la valla. No mis limitaciones, sino las de Dios. No el final de mí misma, sino el momento en que Dios levanta su mano y dice: "No más. Este es el lugar más seguro que tengo para ti, dentro de estas líneas. Aquí. Todo lo demás que tengo para ti se encuentra dentro de estos límites y todas las luchas que tengo para ti se encuentran dentro de estos límites. Pero no te preocupes: He fijado esta valla alrededor de ti y el enemigo no prevalecerá".

Agradecimientos

¿Cómo agradecer debidamente a todas las personas que han aportado algo para hacer esto posible? No es posible. No logro encontrar las palabras para expresarlo, pero sé que mi corazón rebosa.

Gracias a Moody Publishers y a su equipo por adquirir *Los temores del corazón*: a René Hanebutt, Holly Kisly y Judy Dunagan. Gracias también a Janis Todd que me ayudó a dar a conocer el libro. Agradezco tus esfuerzos. Gracias también a mi editora Lydia Brownback. Gracias a Amanda Cleary Eastep por usar su hábil ojo editorial para que este libro tuviera el mejor texto posible por muchos años. Gracias al equipo de agentes y a todos los que participaron.

Estoy agradecida por las amigas que leyeron mi trabajo y oraron por mí. Gracias, Kristie Anyabwile, Gloria Furman, Catherine Parks y Amy Maples. Realmente las amo, amigas. Gracias también a Courtney Reissig por orar y por nuestras muchas conversaciones acerca de la escritura y la vida. Gracias a todas las mujeres maravillosas que aportaron sus historias para *Los temores del corazón*. Estoy segura de que el Señor las usará para bendecir y animar a quienes las lean: Christina, Gloria, Eva, Nikki, Lindsey, Jasmine, Megan, Tara, Amy, Donna, Emily, Christa y Lore.

Agradezco a Susan, editora del *Knoxville News-Sentinel* y a Christina, editora de KNSI. Escribir para el *Sentinel* fue una bendición y un gozo. Aprendí mucho de ustedes y siempre estaré agradecida.

Gracias a ERLC (The Ethics & Relicious Liberty Commission), su apoyo a lo largo de este año ha sido formidable. Me siento honrada de poder trabajar con tan maravillosas organizaciones. Estoy agradecida por ustedes que trabajan juntamente conmigo y me animan en el Señor.

Gracias a las muchas lectoras que me han escrito para contarme de qué modo mi trabajo las ha edificado. ¡Eso me mantiene animada! Gracias por edificar mi fe para escribir. Sus palabras son de gran valor para mí.

Gracias a mi familia: Tennion, Bárbara y mamá Reed. Los amo mucho. Gracias también a mi familia de la iglesia. Sus oraciones y su apoyo han sido una bendición y un gran aliento para mí.

Gracias a Thern, mi mejor amigo y esposo maravilloso. Sería absolutamente imposible para mí lograr algo si no fuera por tu amor, tu apoyo, tus oraciones y tu amabilidad. Realmente es increíble lo mucho que me apoyas y animas para ver al Señor usarme por medio de la escritura para su gloria. No tengo palabras para expresar plenamente mi amor y mi gratitud a ti, amigo mío y amor mío. ¡Te amo! Y gracias a mis bebés, Weston y Sidney (ustedes serán siempre mis bebés).

¡Gracias, Señor! Oro para que uses este pequeño libro para bendecir a quienes lo leen y oro para que te glorifique, Señor. Gracias por el regalo de la fe, por enseñarme acerca de ti por medio de tu Palabra y tu Espíritu, por sufrir la ira que yo merezco y por amarme. Sé que te amo porque tú me amaste primero.

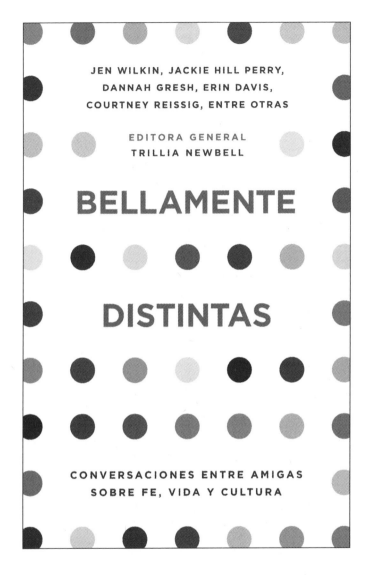

JEN WILKIN, JACKIE HILL PERRY,
DANNAH GRESH, ERIN DAVIS,
COURTNEY REISSIG, ENTRE OTRAS

EDITORA GENERAL
TRILLIA NEWBELL

BELLAMENTE

DISTINTAS

CONVERSACIONES ENTRE AMIGAS
SOBRE FE, VIDA Y CULTURA

En este libro, mujeres piadosas y de pensamiento claro hablan sobre una variedad de áreas de la vida y la cultura. Nos ayudan a reflexionar sobre las películas, los libros y los medios de comunicación; establecer principios bíblicos para abordar temas como la imagen corporal y el racismo; y nos animan a influir para Cristo en el mundo que nos rodea, haciéndonos bellamente distintas.

EDITORIAL
PORTAVOZ

NUESTRA VISIÓN

Maximizar el efecto de recursos cristianos de calidad que transforman vidas.

NUESTRA MISIÓN

Desarrollar y distribuir productos de calidad —con integridad y excelencia—, desde una perspectiva bíblica y confiable, que animen a las personas a conocer y servir a Jesucristo.

NUESTROS VALORES

Nuestros valores se encuentran fundamentados en la Biblia, fuente de toda verdad para hoy y para siempre. Nosotros ponemos en práctica estas verdades bíblicas como fundamento para las decisiones, normas y productos de nuestra compañía.

Valoramos la excelencia y la calidad
Valoramos la integridad y la confianza
Valoramos el mérito y la dignidad de los individuos
   y las relaciones
Valoramos el servicio
Valoramos la administración de los recursos

Para más información acerca de nuestra editorial y los productos que publicamos visite nuestra página en la red: www.portavoz.com